JLPT
일본어능력시험

한권으로 끝내기 보카

N1

김성곤 지음

다락원

JLPT 일본어능력시험
한권으로 끝내기
보카 N1

지은이 김성곤
펴낸이 정규도
펴낸곳 (주)다락원

초판 1쇄 발행 2025년 2월 24일

책임편집 손명숙, 송화록
디자인 황미연, 장미연(표지)

다락원 경기도 파주시 문발로 211
내용문의: (02)736-2031 내선 460~466
구입문의: (02)736-2031 내선 250~252
Fax: (02)732-2037
출판등록 1977년 9월 16일 제406-2008-000007호

ISBN 978-89-277-1305-0 14730
      978-89-277-1301-2 (set)

http://www.darakwon.co.kr

• 다락원 홈페이지를 방문하시면 상세한 출판 정보와 함께 동영상 강좌, MP3 자료 등 다양한 어학 정보를 얻으실 수 있습니다.
• 다락원 홈페이지에 접속하시거나 표지의 QR코드를 스캔하시면 MP3 파일 및 관련자료를 다운로드 하실 수 있습니다.

일본어능력시험은 일본어 능력을 객관적으로 측정하는 가장 공신력 있는 시험으로, N5부터 N1까지 다섯 레벨이 있습니다. 각 레벨의 시험 영역 중에서 가장 기본이 되는 것은 역시 문자·어휘에 대한 이해, 즉 어휘력입니다. 본서는 일본어능력시험의 각 레벨에 필요한 어휘를 터득하는 것을 목표로 하고 있습니다.

상위 레벨로 올라갈수록 학습해야 할 단어가 많아지기 때문에, 무조건 외우기 보다는 출제 빈도가 높은 단어를 중심으로 학습하는 것이 효율적입니다. 본서는 35년 이상에 걸친 일본어능력시험의 출제 내용에 근거하여 약 8,000개의 어휘를 레벨별로 정리하여 제공하고 있습니다.

이 책을 학습할 때는 응시하고자 하는 레벨은 물론이고, 그 아래 하위 레벨의 단어도 학습할 필요가 있습니다. 예를 들어, N1을 응시하는 사람은 N2의 내용도 함께 학습하세요. N1은 N2 레벨의 내용을 포함하여 출제되기 때문입니다.

저자의 오랜 수험 경험과 지도 경험을 통해 볼 때 이 책만으로도 철저한 능력시험 대비는 물론, 여러분들의 일본어 실력 향상에도 도움이 되리라 확신합니다. 최고의 학습법은 반복입니다. 막연하게 어디선가 본 듯한 느낌만으로는 시험에 대비할 수 없습니다. 자신이 생길 때까지 지속적으로 반복하여 학습하기를 권합니다.

마지막으로 이 책이 발간되기까지 많은 격려를 해주신 다락원 정규도 사장님과 일본어출판부 관계자분들께 이 자리를 빌어 감사를 드립니다.

저자 김성곤

차례

1 품사별 + あいうえお순 구성

일본어능력시험 N1에 필요한 어휘와 함께 대표적인 용례들을 실었습니다. 수록된 모든 단어에 예문이 실려 있어 제시된 단어의 적절한 의미와 활용을 묻는 '용법' 유형의 문제에 대응할 수 있습니다.

2 2가지 버전의 MP3 파일

MP3 형식의 음성 파일을 2가지 버전으로 제공합니다. 단어와 예문의 네이티브 음성을 듣는 학습용 MP3와, 단어만을 모아 일본어 음성과 한국어 의미를 들려주는 암기용 MP3가 있습니다. 학습용은 책과 함께 차분하게 공부할 때, 암기용은 지하철이나 버스 등에서 책 없이 단어를 암기할 때 활용하면 좋습니다.

3 학습 스케줄

규칙적이고 효율적인 학습을 지속적으로 할 수 있도록 레벨별 30일 완성 학습 스케줄을 제공합니다.

4 Level별 문자·어휘 모의고사

학습 달성도를 확인할 수 있도록 실제 시험과 동일한 형식의 문자·어휘 모의고사를 제공합니다. 모의고사 문제를 풀며 실제 시험에 대비할 수 있습니다.

5 일일 쪽지시험

하루 분량의 학습을 마친 후 단어를 확실히 외웠는지 쪽지시험을 통해 확인할 수 있습니다. 쪽지시험은 다락원 홈페이지 학습자료실에서 다운받을 수 있습니다.

◀ **단어**

단어를 품사별 + あいうえお순으로 나누어 수록하였습니다. 수록된 모든 단어에 예문을 실어 단어가 실제로 어떻게 쓰이는지 확인할 수 있습니다.

➕ 추가단어
🔄 반대말
🟰 비슷한 말

모의고사 ▶

단어 학습을 마치면 실제 JLPT 시험 형식의 문자·어휘 파트 모의고사로 실력을 체크해봅시다. 해석과 답은 바로 뒤에 실려 있습니다.

◀ **쪽지시험**

하루 분량의 학습을 끝낸 후 쪽지시험을 통해 단어를 확실히 암기했는지 확인합시다. 다락원 홈페이지에서 다운로드 받으세요.

 MP3 활용법

버전1 학습용
단어와 예문의 네이티브 음성이 모두 들어 있습니다. 함께 들으면서 학습하면 자연스러운 일본어 발음을 익힐 수 있습니다.

버전2 암기용
일본어–한국어 순으로 단어만을 모아 놓았기 때문에 책이 없어도 지하철이나 버스 등에서 단어를 외울 수 있습니다.

학습 스케줄

매일 스케줄에 맞추어 하루 분량을 학습한 후 다락원 홈페이지 학습자료실에서 쪽지시험을 다운로드하여 확실히 단어를 암기했는지 꼭 체크해보세요.

N1

1일째	2일째	3일째	4일째	5일째
명사 10~16	명사 17~23	명사 24~30	명사 31~37	명사 38~44
6일째	**7일째**	**8일째**	**9일째**	**10일째**
명사 45~51	명사 52~58	명사 59~65	명사 66~72	명사 73~79
11일째	**12일째**	**13일째**	**14일째**	**15일째**
명사 80~86	명사 87~93	명사 94~100	명사 101~107	명사 108~114
16일째	**17일째**	**18일째**	**19일째**	**20일째**
명사 115~121	명사, 동사 122~127	동사 128~134	동사 135~141	동사 142~148
21일째	**22일째**	**23일째**	**24일째**	**25일째**
동사 149~155	동사 156~163	い형용사 164~170	な형용사 171~177	な형용사 178~184
26일째	**27일째**	**28일째**	**29일째**	**30일째**
な형용사, 부사 185~191	부사 192~198	부사 199~204	가타카나 205~210	가타카나 211~216

※숫자는 해당 page를 나타냄

JLPT 보카 N1

═══ **합격단어** ═══

명사 | 동사 | い형용사
な형용사 | 부사 | 가타카나

명 사

| 愛顧 | あいこ | 애고, 사랑하여 돌보아 줌 |
| | | ご愛顧に感謝いたします。 사랑에 감사 드립니다. |

| 愛好 | あいこう | 애호, 좋아해서 즐김 |
| | | クラシック音楽を愛好する。 클래식 음악을 애호하다. |

| 愛想 | あいそう | 붙임성, 상냥함 |
| ⊜ あいそ | | 店員の愛想が良い。 점원이 상냥하다. |

| 間柄 | あいだがら | 관계, 사귐, 사이 |
| | | 私と彼は親しい間柄だ。 나와 그는 친한 사이이다. |

| 愛着 | あいちゃく | 애착 |
| | | この時計に愛着がある。 이 시계에 애착이 있다. |

あお向け	あおむけ	얼굴이 위를 향하게 함, 바로 누움
		赤ちゃんをあお向けに寝かせる。
		아기를 바로 눕혀서 재우다.

証	あかし	증거
		今回の受賞は努力の証である。
		이번 수상은 노력의 증거이다.

| 悪臭 | あくしゅう | 악취 |
| | | ゴミから悪臭がする。 쓰레기에서 악취가 나다. |

| 朝飯前 | あさめしまえ | 식은 죽 먹기, 매우 쉬운 일 |
| | | この仕事は朝飯前だ。 이 일은 식은 죽 먹기이다. |

足手まとい	あしでまとい	부담, 발목을 잡음
		チームの足手まといにならないように頑張り
		たい。
		팀의 발목을 잡지 않도록 노력하고 싶다.

足止め	あしどめ	못 가게 말림, 붙잡음
		大雪で車が足止めになる。
		폭설로 차가 못 움직이게 되다.

斡旋	あっせん	알선 就職を斡旋する。 취직을 알선하다.
圧倒	あっとう	압도 景色に圧倒される。 경치에 압도되다.
圧迫	あっぱく	압박, 짓누름 学費が家計を圧迫する。 학비가 가계를 압박하다.
圧力	あつりょく	압력 上司から圧力をかけられる。 상사로부터 압력을 받다.
後片付け	あとかたづけ	뒷정리 パーティーの後片付けをする。 파티의 뒷정리를 하다.
跡地	あとち	터 工場の跡地が公園になる。 공장 터가 공원이 되다.
跡継	あとつぎ	후계자 息子が跡継になる。 아들이 후계자가 되다.
後回し	あとまわし	뒤로 미룸, 보류 宿題を後回しにする。 숙제를 뒤로 미루다.
油絵	あぶらえ	유화 油絵を描く。 유화를 그리다.
天下り	あまくだり	낙하산 인사 天下りが問題になる。 낙하산 인사가 문제가 되다.
ありきたり		아주 흔함, 뻔함 ありきたりの話でつまらない。 뻔한 이야기라 재미없다.
ありのまま		있는 그대로임 事実をありのままに伝える。 사실을 있는 그대로 전하다.

11

暗算	あんざん	암산
		彼は暗算が得意だ。 그는 암산을 잘한다.

暗示	あんじ	암시
		暗示を与える。 암시를 주다.

安静	あんせい	안정
		入院中は安静にして下さい。 입원 중에는 안정을 취하세요.

安堵	あんど	안도, 안심
		無事で安堵する。 무사해서 안도하다.

言い分	いいぶん	주장하고 싶은 말, 변명
		相手の言い分を聞く。 상대방의 변명을 듣다.

遺憾	いかん	유감
		決定を遺憾に思う。 결정을 유감스럽게 생각하다.

異議	いぎ	이의, 다른 의견
		彼は異議を唱えた。 그는 이의를 제기했다.

生き甲斐	いきがい	삶의 보람
		仕事に生き甲斐を感じる。 일에 삶의 보람을 느끼다.

意気込み	いきごみ	의욕, 패기
		言葉から意気込みが伝わってくる。 말에서 의욕이 전해져 온다.

憤り	いきどおり	분노, 분개
		今回の事件に憤りを感じる。 이번 사건에 분노를 느낀다.

偉業	いぎょう	위업
		偉業を成し遂げる。 위업을 이루다.

意気地	いくじ	의욕, 의지
		彼は意気地がない。 그는 의지가 없다.

憩い	いこい	**휴식** この公園は市民の憩いの場である。 이 공원은 시민들의 휴식처이다.
意向	いこう	**의향, 의도** 相手の意向を尊重する。 상대방의 의향을 존중하다.
居心地	いごこち	**(어떤 장소나 지위에 있을 때의) 느낌, 기분** この部屋は居心地がいい。 이 방은 아늑한 느낌이 든다.
意地	いじ	**고집, 오기** つまらないことに意地を張る。 쓸데없는 일에 고집을 부리다.
衣装	いしょう	**의상** 花嫁衣装を着る。 신부 의상을 입다.
異色	いしょく	**이색, 매우 특이함** 異色の経歴を持つ。 이색적인 경력을 지니다.
遺跡	いせき	**유적** 古代遺跡を発掘する。 고대 유적을 발굴하다.
依存 ⊜ いそん	いぞん	**의존** 資源を外国に依存する。 자원을 외국에 의존하다.
委託	いたく	**위탁** 業務を委託する。 업무를 위탁하다.
頂	いただき	**꼭대기, 정상** 山の頂に立つ。 산꼭대기에 서다.
一丸	いちがん	**한 덩어리, 하나** 全員一丸となる。 모두 하나로 뭉치다.
一任	いちにん	**일임** 仕事を一任する。 일을 일임하다.

一律	いちりつ	**일률, 동일함** 一律の割合で給与を増やす。 일률적인 비율로 급여를 늘리다.
一括	いっかつ	**일괄** 支払いを一括で行う。 일괄 지불하다.
一環	いっかん	**일환, 전체 중 일부** 都市計画の一環として公園を作る。 도시 계획의 일환으로 공원을 만들다.
一刻	いっこく	**일각, 짧은 시간, 순간, 한시** この問題は一刻を争う。 이 문제는 일각을 다툰다.
逸材	いつざい	**일재, 인재, 재능** 彼は10年に一人の逸材だ。 그는 10년에 한 명 나오는 인재이다.
一掃	いっそう	**일소, 한꺼번에 제거함** 疑惑を一掃する。 의혹을 일소하다.
逸脱	いつだつ	**일탈, 벗어남** 本来の目的から逸脱する。 본래의 목적에서 벗어나다.
偽り ➖うそ	いつわり	**거짓, 허위** 彼の話には多少の偽りがある。 그의 말에는 다소 거짓이 있다.
意図	いと	**의도** 作家の意図が分からない。 작가의 의도를 알 수 없다.
異動 ➕人事異動 인사이동	いどう	**이동** 営業部に異動になった。 영업부로 이동하게 되었다.
糸口	いとぐち	**실마리, 단서** 解決の糸口が見つかる。 해결의 실마리가 발견되다.
いびき		**코골이** いびきをかく。 코를 골다.

癒やし	いやし	치유

おんがくを聴いて癒やしを求める。
음악을 들으며 치유를 추구하다.

いやみ		불쾌한 말, 비아냥거림

彼はよくいやみを言う。 그는 자주 비아냥거린다.

依頼	いらい	의뢰

仕事の依頼を受ける。 일의 의뢰를 받다.

威力	いりょく	위력

情報が威力を発揮する。 정보가 위력을 발휘하다.

異例	いれい	이례, 전례가 없음

異例の措置をとる。 이례적인 조치를 취하다.

色合い	いろあい	색조, 색채, 빛깔

ドレスの色合いが美しい。 드레스의 색조가 아름답다.

違和感	いわかん	위화감

彼の態度に違和感を覚える。
그의 태도에 위화감을 느끼다.

印鑑	いんかん	도장, 인감(도장)

⊜ はんこ

書類に印鑑を押す。 서류에 도장을 찍다.

隠居	いんきょ	은거

故郷に帰って隠居する。 고향에 돌아가 은거하다.

引率	いんそつ	인솔

生徒を引率して見学に行く。
학생을 인솔하여 견학을 가다.

渦	うず	소용돌이

波が渦を巻く。 파도가 소용돌이치다.

内訳	うちわけ	내역, 명세

請求書の内訳を確認する。 청구서의 내역을 확인하다.

器	うつわ	그릇, 기량이나 능력
		彼は社長の器ではない。 그는 사장의 그릇이 아니다.

腕前	うでまえ	실력, 솜씨
		彼の料理の腕前は一流だ。 그의 요리 솜씨는 일류이다.

裏付け	うらづけ	뒷받침, 증거
		裏付け捜査を進める。 증거 수사를 진행하다.

裏腹 ⊜反対	うらはら	정반대, 반대
		言うこととやることが裏腹だ。 말하는 것과 행동하는 것이 정반대이다.

売れ筋	うれすじ	잘 팔리는 상품, 히트 상품
		売れ筋の商品を並べる。 잘 팔리는 상품을 늘어놓다.

運搬	うんぱん	운반
		トラックで荷物を運搬する。 트럭으로 짐을 운반하다.

運命	うんめい	운명
		彼女と出会ったのは運命だ。 그녀와 만난 것은 운명이다.

映像	えいぞう	영상
		美しい映像を見る。 아름다운 영상을 보다.

英雄	えいゆう	영웅
		彼は国民の英雄だ。 그는 국민의 영웅이다.

閲覧	えつらん	열람
		資料を閲覧する。 자료를 열람하다.

獲物	えもの	사냥감
		虎が獲物を狙っている。 호랑이가 사냥감을 노리고 있다.

襟	えり	옷깃
		シャツの襟が汚れている。 셔츠의 옷깃이 더러워져 있다.

遠隔	えんかく	원격

機械を遠隔操作する。 기계를 원격 조작하다.

沿岸	えんがん	연안

台風が沿岸に接近する。 태풍이 연안에 접근하다.

演出	えんしゅつ	연출

素晴らしい演出だった。 훌륭한 연출이었다.

延滞	えんたい	연체

代金の支払いが延滞する。 대금 지불이 연체되다.

縁談	えんだん	혼담

娘の縁談が決まる。 딸의 혼담이 결정되다.

生い立ち	おいたち	성장, 성장 과정

自分の生い立ちを語る。 자신의 성장 과정을 이야기하다.

黄金	おうごん	황금

この飾りは黄金で作られた。
이 장식은 황금으로 만들어졌다.

押収	おうしゅう	압수

警察が証拠品を押収する。 경찰이 증거품을 압수하다.

大筋	おおすじ	대략적인 줄거리, 대강

話の大筋を理解する。
이야기의 대략적인 줄거리를 이해하다.

公	おおやけ	공공, 공개, 사회, 정부

公の場で発言する。 공개 석상에서 발언하다.

お辞儀	おじぎ	인사, 절

礼儀正しくお辞儀をする。 예의 바르게 인사를 하다.

お世辞	おせじ	아첨, 아부

上司にお世辞を言う。 상사에게 아부하다.

お手上げ	おてあげ	속수무책, 어찌 할 방법이 없음
		問題が難しすぎてお手上げだ。 문제가 너무 어려워서 속수무책이다.

同い年	おないどし	동갑
		彼とは同い年だ。 그와는 동갑이다.

思惑	おもわく	생각, 의도, 예상
		思惑通りに事が運ぶ。 의도대로 일이 진행되다.

俺	おれ	나(남자)
		何かあったら俺が責任を取る。 무슨 일이 있으면 내가 책임을 지겠다.

卸売り	おろしうり	도매
		卸売り価格で仕入れる。 도매가격으로 사들이다.

恩恵	おんけい	은혜, 혜택
		自然の恩恵を受ける。 자연의 혜택을 받다.

改革	かいかく	개혁
		組織の改革に着手する。 조직 개혁에 착수하다.

外観	がいかん	외관, 겉보기
		建物の外観が美しい。 건물의 외관이 아름답다.

階級	かいきゅう	계급
		階級が上がると責任が増す。 계급이 올라가면 책임이 커진다.

快挙	かいきょ	쾌거
		優勝の快挙を成し遂げる。 우승의 쾌거를 이루다.

解雇 ●首にする 해고하다	かいこ	해고
		不況で従業員を解雇する。 불황으로 종업원을 해고하다.

回顧	かいこ	회고
		過去を回顧する。 과거를 회고하다.

介護	かいご	간호, 간병
		介護サービスを利用する。 간호 서비스를 이용하다.

改修	かいしゅう	개수, 수리
		ビルの改修工事を行う。 빌딩의 개수 공사를 실시하다.

怪獣	かいじゅう	괴수, 괴물
		この作品はたくさんの怪獣が登場する。 이 작품에는 많은 괴수가 등장한다.

解除	かいじょ	해제
		規制が解除される。 규제가 해제되다.

会心	かいしん	회심, 만족스러움
		会心の笑みを浮かべる。 회심의 미소를 짓다.

概説	がいせつ	개설, 대략 설명함
		テーマについて概説する。 주제에 대해 대략적으로 설명하다.

階層	かいそう	계층
		社会の階層構造を分析する。 사회의 계층 구조를 분석하다.

回想	かいそう	회상
		昔を回想する。 옛날을 회상하다.

開拓	かいたく	개척
		新しい分野を開拓する。 새로운 분야를 개척하다.

怪談	かいだん	괴담
		怪談を聞いて怖がる。 괴담을 듣고 겁을 먹다.

害虫	がいちゅう	해충
		害虫が作物に被害を与える。 해충이 작물에 피해를 주다.

改定	かいてい	개정(기존의 규칙 등을 다시 정하는 것)
		バスの運賃を改定する。 버스 운임을 개정하다.

改訂	かいてい	개정(책이나 문서의 결점 등 내용을 고치는 것) 教科書が改訂される。 교과서가 개정되다.
改訂版	かいていばん	개정판 改訂版が出版される。 개정판이 출판되다.
街頭	がいとう	가두, 길거리 街頭で署名活動をする。 길거리에서 서명 활동을 하다.
該当	がいとう	해당 該当する箇所に丸をつける。 해당하는 곳에 동그라미를 치다.
介入	かいにゅう	개입 紛争に介入する。 분쟁에 개입하다.
海抜	かいばつ	해발 この高原は海抜500メートルにある。 이 고원은 해발 500m에 있다.
回避	かいひ	회피 危険を回避する。 위험을 회피하다.
介抱	かいほう	간호 けが人を介抱する。 부상자를 간호하다.
解剖	かいぼう	해부 遺体を解剖する。 시신을 해부하다.
解明	かいめい	해명 事件の真相を解明する。 사건의 진상을 해명하다.
概要	がいよう	개요 計画の概要を説明する。 계획의 개요를 설명하다.
回覧	かいらん	회람 資料を回覧する。 자료를 회람하다.

概略	がいりゃく	개략, 개요, 대강의 줄거리

計画の概略を説明する。 계획의 개요를 설명하다.

改良	かいりょう	개량

製品の改良を重ねる。 제품의 개량을 거듭하다.

概論	がいろん	개론

経済学の概論を学ぶ。 경제학 개론을 배우다.

かかりつけ		담당의, 주치의

かかりつけの医者に診てもらう。
담당 의사에게 진찰을 받다.

垣根	かきね	울타리

垣根で庭を囲む。 울타리로 마당을 에워싸다.

核	かく	핵

核の平和的利用を図る。 핵의 평화적 이용을 도모하다.

額	がく	액자

写真を額に入れて飾る。 사진을 액자에 넣어 장식하다.

架空	かくう	가공, 상상, 허구

この映画は架空の話だ。 이 영화는 허구의 이야기이다.

格差	かくさ	격차

所得格差が広がる。 소득 격차가 벌어지다.

拡散	かくさん	확산

間違った情報が拡散する。 잘못된 정보가 확산되다.

各種	かくしゅ	각종

各種のサービスを提供する。 각종 서비스를 제공하다.

隔週	かくしゅう	격주

この雑誌は隔週で発行される。
이 잡지는 격주로 발행된다.

拡充	かくじゅう	확충
		施設を拡充する。 시설을 확충하다.

学術	がくじゅつ	학술
		学術用語は難しい。 학술 용어는 어렵다.

革新	かくしん	혁신
		今の技術革新は素晴らしい。 지금의 기술 혁신은 대단하다.

確信	かくしん	확신
		彼は確信を持っている。 그는 확신을 가지고 있다.

確定	かくてい	확정
		日程が確定する。 일정이 확정되다.

獲得	かくとく	획득
		新たな知識を獲得する。 새로운 지식을 획득하다.

楽譜	がくふ	악보
		楽譜を読む。 악보를 읽다.

革命	かくめい	혁명
		革命が起こる。 혁명이 일어나다.

確立	かくりつ	확립
		新しい理論が確立される。 새로운 이론이 확립되다.

学歴	がくれき	학력
		この会社は学歴を重視する。 이 회사는 학력을 중시한다.

崖	がけ	절벽, 벼랑
		大雨で崖が崩れる。 큰비로 벼랑이 무너지다.

家計	かけい	가계, 살림
		家計を切り盛りする。 살림을 꾸려 나가다.

可決	かけつ	가결 議案が可決される。 의안이 가결되다.
駆け引き	かけひき	흥정 駆け引きを行う。 흥정을 하다.
下限	かげん	하한, 최저한도 価格の下限を設定する。 가격의 하한을 설정하다.
加工	かこう	가공 素材を加工する。 소재를 가공하다.
箇条書き	かじょうがき	항목별로 쓰기 質問内容を箇条書きにする。 질문 내용을 항목별로 쓰다.
風当たり ➖ かざあたり	かぜあたり	비난, 공격 風当たりが強い。 비난이 거세다.
過疎 ➖ 過密 과밀	かそ	과소, 지나치게 적음 過疎地域で人口の減少が続く。 과소 지역에서 인구의 감소가 이어지다.
片思い	かたおもい	짝사랑 片思いをする。 짝사랑을 하다.
片言	かたこと	서투른 말씨 片言の英語を話す。 서투른 영어로 말하다.
片隅	かたすみ	한쪽 구석, 한구석 部屋の片隅に座る。 방 한구석에 앉다.
偏り	かたより	치우침, 편향 データに偏りがある。 데이터에 편향이 있다.
傍ら	かたわら	옆, 곁, 측면 患者の傍らで看病をする。 환자 곁에서 간병을 하다.

加担	かたん	가담

犯罪<ruby>犯罪<rt>はんざい</rt></ruby>に<ruby>加担<rt>かたん</rt></ruby>する。 범죄에 가담하다.

花壇	かだん	화단

<ruby>花壇<rt>かだん</rt></ruby>に<ruby>花<rt>はな</rt></ruby>を<ruby>植<rt>う</rt></ruby>える。 화단에 꽃을 심다.

家畜	かちく	가축

<ruby>家畜<rt>かちく</rt></ruby>を<ruby>飼育<rt>しいく</rt></ruby>する。 가축을 사육하다.

合致	がっち	합치, 일치

<ruby>意見<rt>いけん</rt></ruby>が<ruby>合致<rt>がっち</rt></ruby>する。 의견이 일치하다.

合併	がっぺい	합병

<ruby>二<rt>ふた</rt></ruby>つの<ruby>企業<rt>きぎょう</rt></ruby>が<ruby>合併<rt>がっぺい</rt></ruby>する。 두 기업이 합병하다.

稼働	かどう	가동, 기계를 움직임

➕ フル<ruby>稼働<rt>かどう</rt></ruby> 풀가동

<ruby>新<rt>あたら</rt></ruby>しい<ruby>機械<rt>きかい</rt></ruby>を<ruby>稼働<rt>かどう</rt></ruby>させる。 새 기계를 가동시키다.

株	かぶ	주식

➖ <ruby>株式<rt>かぶしき</rt></ruby>

<ruby>株<rt>かぶ</rt></ruby>が<ruby>上<rt>あ</rt></ruby>がる。 주식이 오르다.

株式	かぶしき	주식

<ruby>株式<rt>かぶしき</rt></ruby>を<ruby>取得<rt>しゅとく</rt></ruby>する。 주식을 취득하다.

株主	かぶぬし	주주

<ruby>株主<rt>かぶぬし</rt></ruby><ruby>総会<rt>そうかい</rt></ruby>に<ruby>出席<rt>しゅっせき</rt></ruby>する。 주주 총회에 출석하다.

花粉	かふん	꽃가루

➕ <ruby>花粉症<rt>かふんしょう</rt></ruby> 꽃가루 알레르기

<ruby>春<rt>はる</rt></ruby>は<ruby>花粉<rt>かふん</rt></ruby>がたくさん<ruby>飛<rt>と</rt></ruby>んでいる。
봄에는 꽃가루가 많이 날린다.

貨幣	かへい	화폐

<ruby>貨幣<rt>かへい</rt></ruby><ruby>価値<rt>かち</rt></ruby>が<ruby>下<rt>さ</rt></ruby>がる。 화폐 가치가 떨어지다.

加味	かみ	가미, 추가, 첨가

<ruby>参加者<rt>さんかしゃ</rt></ruby>の<ruby>意見<rt>いけん</rt></ruby>を<ruby>加味<rt>かみ</rt></ruby>する。 참가자의 의견을 추가하다.

剃刀	かみそり	면도칼

<ruby>剃刀<rt>かみそり</rt></ruby>でひげを<ruby>剃<rt>そ</rt></ruby>る。 면도칼로 수염을 깎다.

過密	かみつ	과밀, 지나치게 집중됨
⊖ 過疎 과소		避難所は過密状態だ。 피난소는 과밀 상태이다.

柄	がら	① 무늬
		このシャツは柄が派手だ。 이 셔츠는 무늬가 화려하다.
		② 몸집
		彼は柄が大きい。 그는 몸집이 크다.
		③ 성격
		彼は柄が悪い。 그는 성격이 나쁘다.

狩り	かり	사냥
		狩りをする。 사냥을 하다.

過労	かろう	과로
		過労で倒れる。 과로로 쓰러지다.

勘	かん	직감, 육감
		勘が鋭い。 직감이 날카롭다.

完結	かんけつ	완결
		物語が完結する。 이야기가 완결되다.

還元	かんげん	환원
		利益を消費者に還元する。 이익을 소비자에게 환원하다.

看護	かんご	간호
		一晩中寝ずに看護する。 밤새도록 자지 않고 간호하다.

刊行	かんこう	간행
		書籍が刊行される。 서적이 간행되다.

慣行	かんこう	관행
		慣行に従う。 관행에 따르다.

勧告	かんこく	권고
		和解を勧告する。 화해를 권고하다.

換算	かんさん	환산
		ドルを円に換算する。 달러를 엔으로 환산하다.

元日	がんじつ	설날, 새해 첫날
		元日に初詣に行く。 새해 첫날에 첫 참배하러 가다.

感受性	かんじゅせい	감수성
		彼は感受性が豊かだ。 그는 감수성이 풍부하다.

願書	がんしょ	원서, 지원서
		願書を提出する。 원서를 제출하다.

干渉	かんしょう	간섭
		他国の内政に干渉する。 타국의 내정에 간섭하다.

感触	かんしょく	감촉
⊜ 手触り, 肌触り		この布は柔らかい感触がする。
		이 천은 부드러운 감촉이 느껴진다.

関税	かんぜい	관세
		関税が課される。 관세가 부과되다.

感染	かんせん	감염
		ウイルスに感染する。 바이러스에 감염되다.

元旦	がんたん	설날, 설날 아침
		元旦を迎える。 설날을 맞이하다.

鑑定	かんてい	감정, 판정
		宝石を鑑定する。 보석을 감정하다.

監督	かんとく	감독
		試験の監督をする。 시험 감독을 하다.

幹部	かんぶ	간부
		幹部会議に参加する。 간부 회의에 참가하다.

勘弁	かんべん	용서, 봐줌
		もう勘弁できない。 더 이상 용서할 수 없다.

願望	がんぼう	소망, 소원 願望が叶う。 소원이 이루어지다.
関与	かんよ	관여 事件に関与する。 사건에 관여하다.
観覧	かんらん	관람 展示会を観覧する。 전시회를 관람하다.
官僚	かんりょう	관료 官僚機構が肥大化する。 관료 기구가 비대화하다.
慣例	かんれい	관례 慣例に従う。 관례에 따르다.
貫禄	かんろく	관록, 오랜 경력으로 생긴 위엄이나 권위 彼はリーダーとしての貫禄がある。 그는 리더로서의 관록이 있다.
緩和	かんわ	완화 規制を緩和する。 규제를 완화하다.
器械	きかい	기계(단순하고 소규모인 장치나 도구) 器械を操作する。 기계를 조작하다.
危害	きがい	위해 危害を加える。 위해를 가하다.
気掛かり	きがかり	걱정, 마음에 걸림 彼の安否が気掛かりだ。 그의 안부가 마음에 걸린다.
規格	きかく	규격 製品の規格を定める。 제품의 규격을 정하다.
気兼ね	きがね	어렵게 여김, 스스럼 気兼ねなく話す。 스스럼없이 말하다.

器官	きかん	기관(인간의 신체기관)
		胃は消化のための重要な器官だ。
		위는 소화를 위한 중요한 기관이다.

効き目	ききめ	효력, 효과
		この薬は効き目がある。 이 약은 효과가 있다.

戯曲	ぎきょく	희곡
		声に出して戯曲を読む。 소리 내어 희곡을 읽다.

基金	ききん	기금
		基金を設立する。 기금을 설립하다.

危惧	きぐ	걱정, 염려
		子供の将来を危惧する。 아이의 장래를 염려하다.

喜劇	きげき	희극
		喜劇を演じて人を楽しませる。
		희극을 연기하여 사람을 즐겁게 하다.

議決	ぎけつ	의결
		予算案を議決する。 예산안을 의결하다.

棄権	きけん	기권
		投票を棄権する。 투표를 기권하다.

起源	きげん	기원, 근원
⊜ 始まり, 源		生命の起源を探る。 생명의 기원을 찾다.

機構	きこう	기구, 구조, 조직
		会社の機構を改革する。 회사 구조를 개혁하다.

気心	きごころ	천성, 기질, 마음
		気心が通じる。 마음이 통하다.

既婚	きこん	기혼
➕ 既婚者 기혼자		既婚の男女を対象に調査を実施する。
		기혼 남녀를 대상으로 조사를 실시하다.

記載	きさい	기재

書類の記載事項を確認する。
서류의 기재 사항을 확인하다.

兆し	きざし	징조, 징후, 조짐

変化の兆しが見える。 변화의 조짐이 보이다.

儀式	ぎしき	의식, 행사

儀式に参加する。 의식에 참가하다.

気性	きしょう	천성, 기질, 성질, 성미

彼は気性が激しい。 그는 성미가 고약하다.

規制	きせい	규제

政府が価格を規制する。 정부가 가격을 규제하다.

犠牲	ぎせい	희생

多少の犠牲はやむを得ない。
다소의 희생은 어쩔 수 없다.

軌跡	きせき	궤적, 어떤 일의 과정이나 흔적

経済発展の軌跡をたどる。 경제 발전의 궤적을 더듬다.

奇跡	きせき	기적

奇跡が起きる。 기적이 일어나다.

寄贈	きぞう	기증

母校に図書を寄贈する。 모교에 도서를 기증하다.

偽造	ぎぞう	위조

書類を偽造する。 서류를 위조하다.

基調	きちょう	기조, 바탕

経済政策の基調を決める。 경제 정책의 기조를 정하다.

拮抗	きっこう	길항, 팽팽히 맞섬

二つの勢力が拮抗する。 두 세력이 팽팽히 맞서다.

詰問	きつもん	힐문, 나무라 따져 물음 失敗の理由を詰問する。 실패한 이유를 힐문하다.
規定	きてい	규정 規定の料金を払う。 규정된 요금을 내다.
機転 ⊜才覚	きてん	재치, 임기응변 機転を利かせる。 재치 있게 행동하다.
軌道	きどう	궤도 事業が軌道に乗る。 사업이 궤도에 오르다.
技能	ぎのう	기능, 기술, 기량 専門的な技能を磨く。 전문적인 기술을 연마하다.
規範	きはん	규범 社会の規範に反する。 사회의 규범에 반하다.
基盤	きばん	기반, 토대 経営の基盤を固める。 경영의 기반을 다지다.
気品	きひん	기품 彼女は気品がある。 그녀는 기품이 있다.
気風	きふう	기풍, 기질 自由な気風を重んじる。 자유로운 기풍을 존중하다.
起伏	きふく	기복 感情の起伏が激しい。 감정의 기복이 심하다.
決め手	きめて	결정적 수단 証言が事件解決の決め手となる。 증언이 사건 해결의 결정적 수단이 되다.
規約	きやく	규약 利用者は規約を守る義務がある。 이용자는 규약을 지킬 의무가 있다.
逆上	ぎゃくじょう	흥분함, 이성을 잃음 逆上して事件を起こす。 흥분하여 사건을 일으키다.

逆転	ぎゃくてん	역전
		形勢が逆転する。 형세가 역전되다.

脚本	きゃくほん	각본
		脚本を書く。 각본을 쓰다.

却下	きゃっか	각하, 기각
		提案が却下される。 제안이 각하되다.

救急	きゅうきゅう	구급, 응급
✚ 救急車 구급차		救急の患者を受け入れる。 응급 환자를 받아들이다.

究極	きゅうきょく	궁극
		究極の目的を果たす。 궁극적인 목적을 달성하다.

救済	きゅうさい	구제
		被害者を救済する。 피해자를 구제하다.

宮殿	きゅうでん	궁전
		宮殿を訪問する。 궁전을 방문하다.

窮乏	きゅうぼう	궁핍
		職を失って生活が窮乏する。 일자리를 잃어 생활이 궁핍하다.

究明	きゅうめい	구명, 규명
		事件の真相を究明する。 사건의 진상을 규명하다.

丘陵	きゅうりょう	구릉, 언덕
		目の前に丘陵が現れる。 눈앞에 언덕이 나타나다.

寄与	きよ	기여, 공헌
		医学の発展に寄与する。 의학 발전에 기여하다.

起用	きよう	기용, 중요한 지위에 앉힘
		新人を起用する。 신인을 기용하다.

驚異	きょうい	경이
		自然の驚異を体験する。 자연의 경이를 체험하다.

脅威	きょうい	위협
		脅威を感じる。 위협을 느끼다.
業界	ぎょうかい	업계
		業界の動向を探る。 업계의 동향을 살피다.
恐喝	きょうかつ	공갈, 협박
		秘密を知って恐喝する。 비밀을 알고 협박하다.
共感	きょうかん	공감
		彼の主張に共感した。 그의 주장에 공감했다.
協議	きょうぎ	협의
		協議を重ねる。 협의를 거듭하다.
行儀	ぎょうぎ	예의, 버릇, 몸가짐, 예의범절
		行儀が悪い。 버릇이 없다.
供給	きょうきゅう	공급
		供給を増やす。 공급을 늘리다.
境遇	きょうぐう	경우, 처지, 환경
		今の境遇に満足している。 지금의 처지에 만족하고 있다.
教訓	きょうくん	교훈
		失敗から教訓を得る。 실패에서 교훈을 얻다.
強行	きょうこう	강행
		採決を強行する。 표결을 강행하다.
教材	きょうざい	교재
		学習教材を出版する。 학습 교재를 출판하다.
凶作	きょうさく	흉작
		凶作に見舞われる。 흉작을 겪다.
凝視	ぎょうし	응시
		相手の顔を凝視する。 상대방의 얼굴을 응시하다.

業者	ぎょうしゃ	업자 業者に修理を依頼する。 업자에게 수리를 의뢰하다.
享受	きょうじゅ	향유, 음미하고 즐김, 혜택을 누림 自然の恩恵を享受する。 자연의 혜택을 누리다.
教習	きょうしゅう	교습 運転免許の教習を受ける。 운전 면허 교습을 받다.
郷愁	きょうしゅう	향수, 고향을 그리워함 故郷への郷愁を覚える。 고향에 대한 향수를 느끼다.
凝縮	ぎょうしゅく	응축, 응집 作者の考えが凝縮されている。 작가의 생각이 응축되어 있다.
強制	きょうせい	강제 社内行事への参加を強制する。 사내 행사 참가를 강제하다.
行政	ぎょうせい	행정 行政改革を行う。 행정 개혁을 실시하다.
業績	ぎょうせき	업적, 실적 優れた業績を上げる。 뛰어난 업적을 올리다.
共存 ● きょうそん	きょうぞん	공존 人間と自然との共存を目指す。 인간과 자연의 공존을 지향하다.
驚嘆	きょうたん	경탄 最新技術に驚嘆する。 최신 기술에 경탄하다.
協定	きょうてい	협정 協定を結んで協力する。 협정을 맺어 협력하다.
仰天	ぎょうてん	기겁함, 깜짝 놀람 その話を聞いて仰天した。 그 말을 듣고 깜짝 놀랐다.

| 郷土 | きょうど | 향토, 지역, 고향 |
| | | 郷土料理を味わう。 향토 요리를 맛보다. |

| 脅迫 | きょうはく | 협박 |
| | | 脅迫を受ける。 협박을 받다. |

| 恐怖 | きょうふ | 공포 |
| | | 恐怖を感じる。 공포를 느끼다. |

| 業務 | ぎょうむ | 업무 |
| | | 業務を遂行する。 업무를 수행하다. |

| 共鳴 | きょうめい | 공감 |
| | | 相手の意見に共鳴する。 상대의 의견에 공감하다. |

| 郷里
⊜故郷 | きょうり | 고향 |
| | | 郷里に帰る。 고향으로 돌아가다. |

| 局面 | きょくめん | 국면 |
| | | 困難な局面を打開する。 곤란한 국면을 타개하다. |

| 漁船 | ぎょせん | 어선 |
| | | 港に漁船が集まっている。 항구에 어선이 모여 있다. |

| 拠点 | きょてん | 거점 |
| | | 販売の拠点を設ける。 판매 거점을 마련하다. |

| 許容 | きょよう | 허용 |
| | | 多少の変更は許容する。 다소의 변경은 허용한다. |

| 疑惑 | ぎわく | 의혹, 의심 |
| | | 疑惑が晴れる。 의혹이 풀리다. |

| 近眼
⊜近視 | きんがん | 근시 |
| | | 近眼で遠くが見えない。 근시라 먼 곳이 보이지 않는다. |

| 均衡 | きんこう | 균형 |
| | | 需要と供給の均衡を図る。
수요와 공급의 균형을 도모하다. |

緊迫	きんぱく	긴박
		緊迫した空気が流れる。 긴박한 공기가 흐르다.

吟味	ぎんみ	엄선
		吟味した食材を使う。 엄선한 식재료를 사용하다.

禁物	きんもつ	금물
		油断は禁物だ。 방심은 금물이다.

勤労	きんろう	근로, 노동
		勤労の尊さを知る。 노동의 소중함을 알다.

空腹	くうふく	공복, 배고픔
		空腹を感じる。 공복을 느끼다.

苦境	くきょう	괴로운 처지, 곤경, 역경
		苦境に立たされる。 곤경에 처하다.

苦言	くげん	고언, 쓴소리
		苦言を呈する。 쓴소리를 하다.

駆使	くし	구사, 자유자재로 사용함
		英語を自由に駆使する。 영어를 자유롭게 구사하다.

駆逐	くちく	구축, 몰아냄, 축출함
		敵を駆逐する。 적을 몰아내다.

口出し	くちだし	말참견
		余計な口出しをする。 쓸데없는 말참견을 하다.

くちばし		부리
		くちばしで餌を捕る。 부리로 먹이를 잡다.

口元	くちもと	입가
		口元に微笑を浮かべる。 입가에 미소를 띠다.

口調	くちょう	어조, 말투
		強い口調で話す。 강한 어조로 말하다.

工面	くめん	마련
		資金を工面する。 자금을 마련하다.

愚問	ぐもん	우문, 어리석은 질문
		愚問を発する。 어리석은 질문을 하다.

暗闇	くらやみ	어둠, 암흑
		暗闇で道に迷う。 어둠 속에서 길을 잃다.

玄人	くろうと	전문가, 숙련자
		あの人は料理の玄人だ。 저 사람은 요리 전문가이다.

群衆	ぐんしゅう	군중
		群衆が取り囲む。 군중이 에워싸다.

経緯	けいい	경위, 자초지종, 전말
		事件の経緯を説明する。 사건의 경위를 설명하다.

経過	けいか	경과
		時間が経過する。 시간이 경과하다.

警戒	けいかい	경계
		災害の発生を警戒する。 재해의 발생을 경계하다.

軽減	けいげん	경감
		負担の軽減を図る。 부담의 경감을 도모하다.

掲載	けいさい	게재
		記事を掲載する。 기사를 게재하다.

軽視	けいし	경시
		人の意見を軽視する。 남의 의견을 경시하다.

傾斜	けいしゃ	경사
		道が傾斜している。 길이 경사져 있다.

形状	けいじょう	형상
		四角い形状をしている。 네모난 형상을 하고 있다.

形勢	けいせい	형세 形勢が逆転する。 형세가 역전되다.
形態	けいたい	형태 株式会社の形態をとる。 주식회사의 형태를 취하다.
刑罰	けいばつ	형벌 重い刑罰を受ける。 무거운 형벌을 받다.
経費	けいひ	경비 経費を削減する。 경비를 삭감하다.
啓蒙	けいもう	계몽 市民に啓蒙活動を行う。 시민에게 계몽 활동을 하다.
契約	けいやく	계약 契約を交わす。 계약을 맺다.
経由	けいゆ	경유, 거침 友人を経由して連絡する。 친구를 거쳐서 연락하다.
経歴	けいれき	경력 彼は珍しい経歴を持っている。 그는 특이한 경력을 가지고 있다.
経路	けいろ	경로 最短経路を選ぶ。 최단 경로를 택하다.
毛皮	けがわ	모피, 털가죽 動物の毛皮に触ってみる。 동물의 털가죽을 만져보다.
劇場	げきじょう	극장 友達と劇場で芝居を観る。 친구와 극장에서 연극을 보다.
劇団	げきだん	극단, 연극단 劇団に所属して活動する。 극단에 소속되어 활동하다.
激励	げきれい	격려 激励の言葉をかける。 격려의 말을 건네다.

決行	けっこう	결행, 단행 計画を決行する。 계획을 단행하다.
結合	けつごう	결합 二つの分子が結合する。 두 개의 분자가 결합하다.
傑作	けっさく	걸작 数々の傑作を残す。 수많은 걸작을 남기다.
決算	けっさん	결산 年度末に決算する。 연도 말에 결산하다.
月謝	げっしゃ	월 수업료 月謝を払う。 월 수업료를 치르다.
欠如	けつじょ	결여 責任感が欠如している。 책임감이 결여되어 있다.
結晶	けっしょう	결정, 결정체 子供は親の愛の結晶だ。 자식은 부모의 사랑의 결정체이다.
結成	けっせい	결성 労働組合を結成する。 노동조합을 결성하다.
結束	けっそく	결속 チームの結束を図る。 팀의 결속을 도모하다.
決断	けつだん	결단 重大な決断を下す。 중대한 결단을 내리다.
月賦	げっぷ	월부, 월납 月賦で支払う。 월납으로 지불하다.
欠乏	けつぼう	결핍, 부족, 모자름 栄養が欠乏する。 영양이 결핍되다.
結末	けつまつ	결말 悲しい結末を迎える。 슬픈 결말을 맞이하다.

懸念	けねん	염려, 우려 経済への影響が懸念される。 경제에 대한 영향이 염려된다.
獣	けもの	짐승 山で獣を見かける。 산에서 짐승을 보다.
権威	けんい	권위 権威のある賞を受賞する。 권위 있는 상을 수상하다.
嫌悪	けんお	혐오 暴力を嫌悪する。 폭력을 혐오하다.
言及	げんきゅう	언급 経済問題に言及する。 경제 문제를 언급하다.
原形	げんけい	원형 日本文化の原形を探る。 일본 문화의 원형을 찾다.
懸賞	けんしょう	현상, 상금이나 상품을 제공함 懸賞小説に応募する。 현상 소설에 응모하다.
厳選	げんせん	엄선 材料を厳選する。 재료를 엄선하다.
幻想	げんそう	환상 幻想を抱く。 환상을 품다.
原則	げんそく	원칙 原則として禁止する。 원칙적으로 금지하다.
減点	げんてん	감점 遅刻は減点する。 지각은 감점한다.
健闘	けんとう	건투 健闘を祈る。 건투를 빌다.
原動力	げんどうりょく	원동력 好奇心が発明の原動力となる。 호기심이 발명의 원동력이 되다.

圏内	けんない	**권내, 범위 안** 高気圧の圏内に入る。 고기압의 권내에 들다.	
倹約	けんやく	**검약, 아낌** 費用を倹約する。 비용을 아끼다.	
兼用	けんよう	**겸용, 공용** 応接室と会議室を兼用する。 응접실과 회의실을 겸용하다.	
原論	げんろん	**원론** 原論を解説する。 원론을 해설하다.	
故意	こい	**고의, 일부러 함** 故意に嘘をつく。 고의로 거짓말을 하다.	
行為	こうい	**행위** 彼の行為は犯罪である。 그의 행위는 범죄이다.	
合意	ごうい	**합의** 全員の合意が得られた。 전원의 합의가 이루어졌다.	
公益	こうえき	**공익, 공공의 이익** 公益を優先する。 공익을 우선하다.	
交易	こうえき	**교역** 外国と交易する。 외국과 교역하다.	
硬貨	こうか	**동전, 주화** 硬貨で支払う。 동전으로 지불하다.	
航海	こうかい	**항해** 大西洋を航海する。 대서양을 항해하다.	
抗議	こうぎ	**항의** 審判の判定に抗議する。 심판의 판정에 항의하다.	
合議	ごうぎ	**상의, 의논** 案件を合議して決める。 안건을 상의하여 결정하다.	

好況	こうきょう	**호황, 호경기** 日本経済は好況を続けている。 일본 경제는 호황을 이어가고 있다.
貢献	こうけん	**공헌, 기여** 社会に貢献する。 사회에 공헌하다.
高原	こうげん	**고원** 高原でキャンプを楽しむ。 고원에서 캠핑을 즐기다.
公言	こうげん	**공언, 공개적으로 말함** 引退を公言する。 은퇴를 공언하다.
考古学	こうこがく	**고고학** 考古学の研究をしている。 고고학 연구를 하고 있다.
交錯	こうさく	**교착, 뒤얽힘, 뒤섞임** 期待と不安が交錯する。 기대와 불안이 뒤얽히다.
鉱山	こうざん	**광산** 鉱山を開発する。 광산을 개발하다.
口述	こうじゅつ	**구술** 口述試験を受ける。 구술 시험을 보다.
控除	こうじょ	**공제** 収入から経費を控除する。 수입에서 경비를 공제하다.
交渉	こうしょう	**교섭** 交渉がうまくいく。 교섭이 잘 되다.
香辛料 ⊜ スパイス	こうしんりょう	**향신료** 料理に香辛料を使う。 요리에 향신료를 사용하다.
降水	こうすい	**강수** この地域は降水が多い。 이 지역은 강수가 많다.
洪水	こうずい	**홍수** 洪水で車が浸水する。 홍수로 차가 침수되다.

公然	こうぜん	공공연함 二人の関係は公然の秘密だ。 두 사람의 관계는 공공연한 비밀이다.
構想	こうそう	구상 構想を練る。 구상을 짜다.
抗争	こうそう	항쟁, 항전 抗争が激しくなる。 항쟁이 격렬해지다.
拘束	こうそく	구속 容疑者を拘束する。 용의자를 구속하다.
後退 ● 前進 전진	こうたい	후퇴 一歩後退する。 일보 후퇴하다.
光沢 ● つや 광, 윤기	こうたく	광택 表面を磨いて光沢を出す。 표면을 닦아 광택을 내다.
構築	こうちく	구축, 쌓아 올려 만듦, 기초를 닦아 세움 ネットワークを構築する。 네트워크를 구축하다.
高低	こうてい	고저, 높낮이 音の高低を調節する。 소리의 높낮이를 조절하다.
好転	こうてん	호전, 상태가 좋아짐 患者の病状が好転する。 환자의 병세가 호전되다.
口頭	こうとう	구두, 입으로 말함 口頭で伝える。 구두로 전달하다.
購読	こうどく	구독 雑誌を購読する。 잡지를 구독하다.
購入	こうにゅう	구입 商品を購入する。 상품을 구입하다.
公認	こうにん	공인 公認の資格を取得する。 공인 자격을 취득하다.

荒廃	こうはい	황폐
		土地が荒廃する。 땅이 황폐해지다.

購買	こうばい	구매
		原料を購買する。 원료를 구매하다.

好評	こうひょう	호평
		消費者から好評を得る。 소비자로부터 호평을 얻다.

交付	こうふ	교부
		補助金を交付する。 보조금을 교부하다.

興奮	こうふん	흥분
		興奮して眠れない。 흥분해서 잠을 잘 수 없다.

公募	こうぼ	공모
		一般から意見を公募する。 일반 사람들로부터 의견을 공모하다.

合法	ごうほう	합법, 적법
		合法の範囲内で税金を減らす。 합법의 범위 내에서 세금을 줄이다.

効率	こうりつ	효율
		作業の効率を上げる。 작업의 효율을 올리다.

考慮	こうりょ	고려
		様々な可能性を考慮する。 여러 가지 가능성을 고려하다.

口論	こうろん	말다툼, 말싸움, 언쟁
		つまらないことで口論する。 사소한 일로 말다툼하다.

護衛	ごえい	호위
		首相を護衛する。 총리를 호위하다.

互角	ごかく	호각, 대등함, 비슷함
		二人の力量は互角だ。 두 사람의 역량은 대등하다.

枯渇	こかつ	고갈

資源が枯渇する。 자원이 고갈되다.

小切手	こぎって	수표

小切手を発行する。 수표를 발행하다.

顧客	こきゃく	고객, 단골손님

顧客のニーズに応える。 고객의 요구에 부응하다.

酷使	こくし	혹사

従業員を酷使する。 종업원을 혹사하다.

告白	こくはく	고백

好意を告白する。 호감을 고백하다.

極秘	ごくひ	극비

極秘の情報を手に入れる。 극비 정보를 손에 넣다.

克服	こくふく	극복

困難を克服する。 어려움을 극복하다.

極楽	ごくらく	극락

冬の温泉は極楽だ。 겨울 온천은 극락이다.

心当たり	こころあたり	짐작, 짚이는 데

心当たりがある。 짚이는 데가 있다.

心得	こころえ	소양, 지식

茶道の心得を学ぶ。 다도의 소양을 익히다.

心掛け	こころがけ	마음가짐

すべては心掛け次第だ。 모든 것은 마음가짐에 달렸다.

心構え	こころがまえ	마음가짐, 각오

勝負に対する心構えが大切だ。
승부에 대한 각오가 중요하다.

志	こころざし	포부, 뜻, 목표

医者になる志を持つ。 의사가 되는 포부를 지니다.

心遣い	こころづかい	배려, 마음 씀씀이
		相手への心遣いを忘れない。 상대에 대한 배려를 잊지 않는다.
誤差	ごさ	오차
		測定に誤差が生じる。 측정에 오차가 생기다.
孤児	こじ	고아
		戦争孤児を支援する。 전쟁고아를 지원하다.
故人	こじん	고인
		故人をしのぶ。 고인을 그리다.
個性	こせい	개성
		個性を大切にする。 개성을 소중히 하다.
小銭	こぜに	잔돈
		小銭を取り出す。 잔돈을 꺼내다.
古代	こだい	고대
		古代の遺跡を訪ねる。 고대의 유적을 방문하다.
誇張	こちょう	과장
		事実を誇張して言う。 사실을 과장해서 말하다.
国交	こっこう	국교
		国交を樹立する。 국교를 수립하다.
骨董品 ● アンティーク	こっとうひん	골동품
		骨董品を収集する。 골동품을 수집하다.
事柄	ことがら	사항, 내용, 일
		金銭上の事柄で争う。 금전상의 일로 다투다.
固有	こゆう	고유
		地域固有の文化を守る。 지역 고유의 문화를 지키다.
雇用	こよう	고용
		アルバイトを雇用する。 아르바이트를 고용하다.

暦	こよみ	달력
		暦をめくる。 달력을 넘기다.

孤立	こりつ	고립
		仲間から孤立する。 동료로부터 고립되다.

根気	こんき	끈기
		根気強く努力する。 끈기 있게 노력하다.

根拠	こんきょ	근거
		主張の根拠を示す。 주장의 근거를 제시하다.

根性	こんじょう	근성, 끈기
		根性を見せる。 근성을 보이다.

献立	こんだて	식단, 메뉴, 준비
		夕食の献立を決める。 저녁 식단을 정하다.

昆虫	こんちゅう	곤충
		昆虫を観察する。 곤충을 관찰하다.

根底	こんてい	근저, 밑바탕, 근본
		理論を根底から見直す。 이론을 밑바탕부터 재검토하다.

混同	こんどう	혼동
		二つの概念を混同する。 두 개념을 혼동하다.

根本	こんぽん	근본
		問題の根本を理解する。 문제의 근본을 이해하다.

最悪	さいあく	최악
		最悪の事態に備える。 최악의 사태에 대비하다.

災害	さいがい	재해
		大規模な災害が発生する。 대규모의 재해가 발생하다.

才覚 ● 機転	さいかく	재치
		彼は才覚のある人だ。 그는 재치 있는 사람이다.

細工	さいく	세공
		繊細な細工を施す。 섬세한 세공을 하다.
採掘	さいくつ	채굴
		鉱物を採掘する。 광물을 채굴하다.
採決	さいけつ	채결, 표결
		議案を採決する。 의안을 표결하다.
歳月	さいげつ	세월
		歳月が流れる。 세월이 흐르다.
再建	さいけん	재건
		被災地の再建を目指す。 재해 지역의 재건을 목표로 하다.
再現	さいげん	재현
		事件を再現する。 사건을 재현하다.
財源	ざいげん	재원, 수입원
		新たな財源を確保する。 새로운 재원을 확보하다.
在庫	ざいこ	재고
		商品の在庫を確認する。 상품의 재고를 확인하다.
採算	さいさん	채산
		事業の採算が取れない。 사업의 채산이 맞지 않는다.
採取	さいしゅ	채취
		指紋を採取する。 지문을 채취하다.
細心	さいしん	세심함
		細心の注意を払う。 세심한 주의를 기울이다.
財政	ざいせい	재정
		健全な財政運営を行う。 건전한 재정 운영을 실행하다.
在籍	ざいせき	재적
		たくさんの留学生が在籍する。 많은 유학생이 재적하다.

最善	さいぜん	최선
⊜最良, ベスト		最善の方法を模索する。 최선의 방법을 모색하다.

採択	さいたく	채택
		新しい教科書を採択する。 새 교과서를 채택하다.

財団	ざいだん	재단
		財団を設立する。 재단을 설립하다.

栽培	さいばい	재배
		野菜を栽培する。 채소를 재배하다.

再発	さいはつ	재발
		事故の再発を防ぐ。 사고의 재발을 방지하다.

細胞	さいぼう	세포
		細胞分裂が起こる。 세포 분열이 일어나다.

債務	さいむ	채무, 빚
		債務を返済する。 채무를 갚다.

採用	さいよう	채용
		新入社員を採用する。 신입 사원을 채용하다.

最良	さいりょう	최선
⊜最善, ベスト		最良の選択肢を選ぶ。 최선의 선택지를 고르다.

詐欺	さぎ	사기
		詐欺の疑いで逮捕される。 사기 혐의로 체포되다.

削減	さくげん	삭감
		予算を削減する。 예산을 삭감하다.

錯誤	さくご	착오
		計算に錯誤がある。 계산에 착오가 있다.

搾取	さくしゅ	착취
		労働者を搾取する。 노동자를 착취하다.

挿絵	さしえ	**삽화** 本文に挿絵を添える。 본문에 삽화를 곁들이다.
指図	さしず	**지시** 指図に従う。 지시에 따르다.
差し引き	さしひき	**차감** 収入から支出を差し引きする。 수입에서 지출을 차감하다.
座談会	ざだんかい	**좌담회** 座談会で意見を交わす。 좌담회에서 의견을 나누다.
錯覚 ⊜勘違い	さっかく	**착각** 錯覚に惑わされる。 착각으로 혼란을 겪다.
殺菌	さっきん	**살균** 細菌を殺菌する。 세균을 살균하다.
察知	さっち	**알아차림** 相手の意図を察知する。 상대방의 의도를 알아차리다.
殺到	さっとう	**쇄도, 일시에 밀려듦** 注文が殺到する。 주문이 쇄도하다.
雑踏	ざっとう	**혼잡, 붐빔** 駅は雑踏で溢れている。 역은 몹시 혼잡스러웠다.
作動	さどう	**작동** 機械が作動する。 기계가 작동하다.
座標	ざひょう	**좌표** 座標を入力する。 좌표를 입력하다.
作法	さほう	**예의범절, 규범** 作法を学ぶ。 예의범절을 배우다.
作用	さよう	**작용** 薬の作用が現れる。 약의 작용이 나타나다.

山岳	さんがく	산악
		列車が山岳地帯を走る。 열차가 산악 지대를 달리다.

残金	ざんきん	잔금
		残金を支払う。 잔금을 치르다.

惨事	さんじ	참사
		惨事の現場を目撃する。 참사 현장을 목격하다.

算出	さんしゅつ	산출
		利益を算出する。 이익을 산출하다.

参照	さんしょう	참조
		マニュアルを参照する。 매뉴얼을 참조하다.

残高	ざんだか	잔고
		預金の残高が少ない。 예금의 잔고가 적다.

産物	さんぶつ	산물
		開発の成功は努力の産物である。 개발의 성공은 노력의 산물이다.

酸味	さんみ	산미, 신맛
		このみかんは酸味が強い。 이 귤은 신맛이 강하다.

山脈	さんみゃく	산맥
		山脈が南北に走る。 산맥이 남북으로 뻗어있다.

仕上がり	しあがり	마무리, 만듦새, 완성도
		仕上がりがいい。 완성도가 높다.

仕上げ	しあげ	마무리, 만듦새, 완성도
		仕上げに時間をかける。 마무리에 시간을 들이다.

支援	しえん	지원
		子育てを支援する。 육아를 지원하다.

歯科	しか	치과
		歯科に行って検診を受ける。 치과에 가서 검진을 받다.

視覚	しかく	시각
		この広告は視覚に訴えている。 이 광고는 시각에 호소하고 있다.

資格	しかく	자격
		資格試験に合格する。 자격시험에 합격하다.

仕掛け	しかけ	장치, 책략
		簡単な仕掛けを作る。 간단한 장치를 만들다.

指揮	しき	지휘
		コーラスを指揮する。 합창단을 지휘하다.

磁気	じき	자기, 자력
		磁気を帯びる。 자기를 띠다.

色彩	しきさい	색채, 색
		絵本で色彩感覚を育てる。 그림책으로 색채 감각을 기르다.

しきたり		관습, 관례
		しきたりに従う。 관례에 따르다.

資金	しきん	자금
		資金を調達する。 자금을 조달하다.

しぐさ		행동, 동작
		子供がかわいいしぐさをする。 아이가 귀여운 행동을 한다.

仕組み	しくみ	구조, 장치, 기구
		複雑な仕組みを理解する。 복잡한 구조를 이해하다.

施行	しこう	시행, 실시
		試験を施行する。 시험을 실시하다.

試行	しこう	시행, 시험적으로 행함
		様々な方法を試行する。 여러 가지 방법을 시험하다.

志向	しこう	지향
		健康志向が強まる。 건강 지향이 강해지다.

事項	じこう	사항
		重要事項を確認する。 중요 사항을 확인하다.

自業自得	じごうじとく	자업자득
		自業自得だから仕方ない。 자업자득이라서 어쩔 수 없다.

嗜好品	しこうひん	기호품
		コーヒーは嗜好品だ。 커피는 기호품이다.

示唆	しさ	시사, 암시, 귀띔
		出馬を示唆する。 출마를 시사하다.

自在	じざい	자재, 자유자재
		機械を自在に操る。 기계를 자유자재로 조종하다.

思索	しさく	사색, 사유, 사고
		人生について思索する。 인생에 대해 사색하다.

視察	しさつ	시찰
		現場を視察する。 현장을 시찰하다.

資産	しさん	자산, 재산
		個人の資産を管理する。 개인의 자산을 관리하다.

資質	ししつ	자질, 천성
		指導者としての資質がある。 지도자로서의 자질이 있다.

刺繍	ししゅう	자수, 수를 놓은 것
		刺繍をして時間を過ごす。 수를 놓으며 시간을 보내다.

自粛	じしゅく	자숙
		自粛ムードが広がる。 자숙하는 분위기가 확산되다.

支障	ししょう	**지장** 経営に支障が生じる。 경영에 지장이 생기다.
辞職	じしょく	**사직** 病気を理由に辞職する。 병을 이유로 사직하다.
施設	しせつ	**시설** 福祉施設を利用する。 복지 시설을 이용하다.
視線	しせん	**시선** 鋭い視線を感じる。 날카로운 시선을 느끼다.
自尊心 ⊜ プライド	じそんしん	**자존심** 自尊心を傷つける。 자존심을 상하게 하다.
自他	じた	**자타, 자신과 남** 自他ともに認める。 자타가 공인하다.
事態	じたい	**사태** 深刻な事態が発生する。 심각한 사태가 발생하다.
下心	したごころ	**속마음, 본심, 속셈** 下心を抱く。 속셈을 품다.
下地	したじ	**밑바탕, 기초, 소양, 소질** 下地ができている。 기초가 갖추어져 있다.
下調べ	したしらべ	**예비 조사, 사전 조사** 事前に下調べをする。 사전에 예비 조사를 하다.
下取り	したどり	**보상 회수, 보상 판매** 下取りに出す。 보상 판매로 내놓다.
下火	したび	**기세가 약해짐, 시들해짐** 人気が下火になる。 인기가 시들해지다.
失格	しっかく	**실격** 彼は試験に失格した。 그는 시험에 실격했다.

質疑	しつぎ	질의 活発な質疑が行われる。 활발한 질의가 이루어지다.
失脚	しっきゃく	실각 失脚の危機に直面する。 실각의 위기에 직면하다.
しつけ		예의범절 家庭でしつけを行う。 가정에서 예의범절을 가르치다.
実質	じっしつ	실질 見かけより実質が大事だ。 겉보기보다 실질적인 것이 중요하다.
実情 ＝実態	じつじょう	실정 実情を把握する。 실정을 파악하다.
実践	じっせん	실천 理論と実践は違う。 이론과 실천은 다르다.
実態 ＝実情	じったい	실태, 실정 実態を調査する。 실태를 조사하다.
嫉妬	しっと	질투 他人の成功を嫉妬する。 남의 성공을 질투하다.
実費	じっぴ	실비, 실제 비용 実費を負担する。 실비를 부담하다.
疾病	しっぺい	질병, 질환 疾病にかかる。 질병에 걸리다.
視点	してん	시점, 관점 問題を別の視点から見る。 문제를 다른 관점에서 보다.
品揃え	しなぞろえ	구색 갖추기, 여러 종류의 상품을 준비함 豊富な品揃えが自慢だ。 풍부한 구색을 자랑하다.
辞任	じにん	사임 社長が辞任する。 사장이 사임하다.

地主	じぬし	지주, 땅 주인
		地主から土地を借りる。 지주로부터 땅을 빌리다.

司法	しほう	사법
		司法の判断を尊重する。 사법의 판단을 존중하다.

志望	しぼう	지망
		俳優を志望する。 배우를 지망하다.

脂肪	しぼう	지방
		脂肪の多い食事を避ける。 지방이 많은 식사를 피하다.

始末	しまつ	경위, 자초지종, 전말, 정리, 결말
		始末をつける。 결말을 짓다.

始末書	しまつしょ	시말서
		始末書を提出する。 시말서를 제출하다.

使命 ➕使命感 사명감	しめい	사명
		自分の使命を果たす。 자신의 사명을 완수하다.

尺度	しゃくど	척도, 기준
		評価の尺度を作成する。 평가 척도를 작성하다.

釈明	しゃくめい	해명
		釈明の機会を与える。 해명의 기회를 주다.

社交 ➕社交性 사교성	しゃこう	사교
		彼は社交がうまい。 그는 사교를 잘한다.

謝罪	しゃざい	사죄
		被害者に謝罪する。 피해자에게 사죄하다.

謝絶	しゃぜつ	사절
		申し出を謝絶する。 제의를 사절하다.

遮断	しゃだん	차단
		交通を遮断する。 교통을 차단하다.

斜面	しゃめん	사면, 경사면
		緩やかな斜面が続く。 완만한 경사면이 이어지다.
収益	しゅうえき	수익
		高い収益を上げる。 높은 수익을 올리다.
就業	しゅうぎょう	취업
		就業人口が増加する。 취업 인구가 증가하다.
従業員	じゅうぎょういん	종업원
		従業員の士気を高める。 종업원의 사기를 높이다.
襲撃	しゅうげき	습격
		観光客が襲撃される。 관광객이 습격당하다.
収支	しゅうし	수지, 수입과 지출
		収支のバランスを取る。 수입과 지출의 균형을 맞추다.
従事	じゅうじ	종사
		建設業に従事する。 건설업에 종사하다.
充実	じゅうじつ	충실
		内容の充実を図る。 내용의 충실을 도모하다.
収集	しゅうしゅう	수집
		情報を収集する。 정보를 수집하다.
修飾	しゅうしょく	수식, 꾸밈
		文章を修飾する。 문장을 수식하다.
習性	しゅうせい	습성
		動物の習性を観察する。 동물의 습성을 관찰하다.
執着	しゅうちゃく	집착
⊜しゅうじゃく		金に執着する。 돈에 집착하다.
修復	しゅうふく	수복, 복원
		文化財の修復作業を行う。
		문화재의 복원 작업을 실시하다.

充満	じゅうまん	충만, 가득 참
		煙が充満する。 연기가 가득 차다.
収容	しゅうよう	수용
		５万人の観客を収容する。 5만 명의 관객을 수용하다.
従来	じゅうらい	종래, 종전
		従来の方法を守る。 종래의 방법을 지키다.
収録	しゅうろく	수록
		講演の内容を収録する。 강연 내용을 수록하다.
守衛	しゅえい	수위
		守衛の職に就く。 수위직에 취직하다.
修行	しゅぎょう	수행
		修行を積む。 수행을 쌓다.
塾	じゅく	학원
		塾に通う。 학원에 다니다.
熟知	じゅくち	숙지
		土地の事情に熟知している。 지역 사정을 숙지하고 있다.
宿命	しゅくめい	숙명
		宿命と思って諦める。 숙명으로 알고 체념하다.
主催	しゅさい	주최
		イベントを主催する。 이벤트를 주최하다.
趣旨	しゅし	취지
		会議の趣旨を説明する。 회의의 취지를 설명하다.
種々 ⊜ さまざま, いろいろ	しゅじゅ	여러 가지, 각종
		種々の意見が出る。 여러 가지 의견이 나오다.
受賞	じゅしょう	수상
		優秀賞を受賞する。 우수상을 수상하다.

57

主題	しゅだい	**주제** 議論が主題から外れる。 논의가 주제에서 벗어나다.
出演	しゅつえん	**출연** 人気俳優が出演する。 인기 배우가 출연하다.
出荷	しゅっか	**출하** 商品を出荷する。 상품을 출하하다.
出資	しゅっし	**출자** 新しい事業に出資する。 새로운 사업에 출자하다.
出馬	しゅつば	**출마** 選挙に出馬する。 선거에 출마하다.
出費	しゅっぴ	**지출, 비용** 多額の出費を要する。 거액의 지출을 필요로 하다.
出品	しゅっぴん	**출품** 展覧会に作品を出品する。 전람회에 작품을 출품하다.
出没	しゅつぼつ	**출몰** 山に熊が出没する。 산에 곰이 출몰하다.
主導権	しゅどうけん	**주도권** 会議の主導権を握る。 회의의 주도권을 쥐다.
首脳	しゅのう	**수뇌, 정상** 首脳会談が行われる。 정상 회담이 열리다.
樹木	じゅもく	**수목** 公園に樹木を植える。 공원에 수목을 심다.
需要	じゅよう	**수요, 요구** 需要が供給を上回る。 수요가 공급을 웃돌다.
樹立	じゅりつ	**수립, 확립** 新政権が樹立される。 새로운 정권이 수립되다.

主力	しゅりょく	주력 主力商品の販売が伸びる。 주력 상품의 판매가 증가하다.
手腕	しゅわん	수완, 능력, 솜씨 社長の手腕が問われる。 사장의 수완이 의문시되다.
循環	じゅんかん	순환 資金が循環する。 자금이 순환되다.
順応	じゅんのう	순응 環境の変化に順応する。 환경의 변화에 순응하다.
瞬発力	しゅんぱつりょく	순발력 瞬発力を鍛える。 순발력을 단련하다.
仕様	しよう	① 방법 説明の仕様がない。 설명할 방법이 없다. ② 사양(기계 등의 구조 또는 내용) 製品の仕様を決める。 제품의 사양을 결정하다.
浄化	じょうか	정화 水を浄化する。 물을 정화하다.
照会	しょうかい	조회(내용이 맞는지 알아봄) 契約条件を照会する。 계약 조건을 조회하다.
生涯	しょうがい	생애, 평생 幸福な生涯を送る。 행복한 생애를 보내다.
消去	しょうきょ	소거, 사라짐, 삭제함 ファイルを消去する。 파일을 소거하다.
情景	じょうけい	정경, 광경 美しい情景が目に浮かぶ。 아름다운 정경이 눈에 선하다.
衝撃	しょうげき	충격 強い衝撃を受ける。 강한 충격을 받다.

証言	しょうげん	증언
		事件について証言する。 사건에 대해 증언하다.

証拠	しょうこ	증거
⊜ あかし, しるし		有力な証拠が見つかる。 유력한 증거가 발견되다.

照合	しょうごう	조합, 대조하여 확인함
		原本と写しを照合する。 원본과 사본을 대조하다.

昇進	しょうしん	승진
		部長に昇進する。 부장으로 승진하다.

情勢	じょうせい	정세
		国際情勢が不安定だ。 국제 정세가 불안정하다.

上層	じょうそう	상층, 상위층
⊜ 下層 하층		会社の上層は状況を把握していない。
		회사의 상층은 상황을 파악하지 못하고 있다.

消息	しょうそく	소식, 연락, 편지
⊜ 便り 편지, 알림		消息が途絶える。 소식이 두절되다.

正体	しょうたい	정체
		正体を暴く。 정체를 폭로하다.

承諾	しょうだく	승낙
		承諾を得る。 승낙을 얻다.

情緒	じょうちょ	정서, 정취
⊜ じょうしょ		異国の情緒があふれる。 이국의 정취가 넘치다.

情熱	じょうねつ	정열, 열정
		情熱を持って取り組む。 정열을 갖고 몰두하다.

譲歩	じょうほ	양보
		彼は最後まで譲歩しなかった。
		그는 끝까지 양보하지 않았다.

照明	しょうめい	조명

部屋の照明が暗い。 방의 조명이 어둡다.

条約	じょうやく	조약

平和条約を結ぶ。 평화 조약을 맺다.

奨励	しょうれい	장려

節電を奨励する。 절전을 장려하다.

除外	じょがい	제외

調査対象から除外する。 조사 대상에서 제외하다.

職員	しょくいん	직원

職員の士気が高い。 직원의 사기가 높다.

触発	しょくはつ	촉발, 자극을 줌

先生の指導に触発され、頑張る。
선생님의 지도에 자극을 받아 노력하다.

職務	しょくむ	직무, 역할

職務に専念する。 직무에 전념하다.

諸君	しょくん	제군, 여러분

諸君の健闘を祈る。 여러분의 건투를 빈다.

助言 ●じょごん	じょげん	조언

よい助言をする。 좋은 조언을 하다.

徐行	じょこう	서행

学校近くは徐行運転だ。 학교 근처는 서행 운전이다.

所在	しょざい	소재

責任の所在を明らかにする。 책임의 소재를 밝히다.

所持	しょじ	소지

免許証を所持する。 면허증을 소지하다.

所属	しょぞく	소속

営業部に所属する。 영업부에 소속되다.

処置 ⊜措置	しょち	**처치, 조치** 適切な処置を取る。 적절한 조치를 취하다.
助長	じょちょう	**조장** 競争心を助長する。 경쟁심을 조장하다.
処罰	しょばつ	**처벌** それは処罰の対象だ。 그것은 처벌 대상이다.
処分	しょぶん	**처분, 처벌, 처리** 厳重な処分を下す。 엄중한 처분을 내리다.
庶民	しょみん	**서민** 庶民の生活が苦しい。 서민의 생활이 어렵다.
自立	じりつ	**자립** 経済的に自立する。 경제적으로 자립하다.
指令	しれい	**지령, 지시** 上司の指令に従う。 상사의 지시에 따르다.
仕業	しわざ	**소행, 짓** このいたずらは彼の仕業だ。 이 장난은 그의 소행이다.
人員	じんいん	**인원** 人員を削減する。 인원을 삭감하다.
人格	じんかく	**인격, 인간성** 人格を磨く。 인격을 닦다.
新型	しんがた	**신형** 新型モデルを発売する。 신형 모델을 발매하다.
審議	しんぎ	**심의** 議案を審議する。 의안을 심의하다.
人権	じんけん	**인권** 人権を尊重する。 인권을 존중하다.

振興	しんこう	진흥, 번성
		地域経済の振興を図る。 지역 경제의 진흥을 도모하다.
新婚	しんこん	신혼
		新婚旅行に出かける。 신혼여행을 떠나다.
審査	しんさ	심사
		厳正な審査を行う。 엄정한 심사를 하다.
真珠	しんじゅ	진주
		真珠のネックレスを身につける。 진주 목걸이를 차다.
伸縮	しんしゅく	신축, 늘고 줆, 늘리고 줄임
		この材料は温度により伸縮する。 이 재료는 온도에 의해 신축된다.
心情	しんじょう	심정
		自分の心情を吐露する。 자신의 심정을 토로하다.
親善	しんぜん	친선, 사이가 좋게 함
		親善試合を行う。 친선 시합을 하다.
深層	しんそう	심층
		心の深層を探る。 마음의 심층을 살피다.
真相	しんそう	진상
		事件の真相を明らかにする。 사건의 진상을 밝히다.
新築	しんちく	신축, 새로 지음
		新築の家に引っ越す。 새로 지은 집으로 이사하다.
進呈	しんてい	증정, 드림
		記念品を進呈する。 기념품을 증정하다.
進展	しんてん	진전
		交渉が進展する。 교섭이 진전되다.

振動	しんどう	진동
		<ruby>地<rt>じ</rt></ruby><ruby>震<rt>しん</rt></ruby>で<ruby>大<rt>おお</rt></ruby>きな<ruby>振動<rt>しんどう</rt></ruby>があった。 지진으로 커다란 진동이 있었다.

信任	しんにん	신임
		<ruby>社長<rt>しゃちょう</rt></ruby>の<ruby>信任<rt>しんにん</rt></ruby>を<ruby>得<rt>え</rt></ruby>る。 사장님의 신임을 얻다.

神秘	しんぴ	신비
		<ruby>生命<rt>せいめい</rt></ruby>の<ruby>神秘<rt>しんび</rt></ruby>を<ruby>感<rt>かん</rt></ruby>じる。 생명의 신비를 느끼다.

辛抱 ＝我慢<rt>がまん</rt>	しんぼう	인내, 참음
		もう<ruby>少<rt>すこ</rt></ruby>しの<ruby>辛抱<rt>しんぼう</rt></ruby>だ。 조금만 더 참자.

人脈	じんみゃく	인맥
		<ruby>広<rt>ひろ</rt></ruby>い<ruby>人脈<rt>じんみゃく</rt></ruby>を<ruby>持<rt>も</rt></ruby>つ。 넓은 인맥을 가지다.

侵略	しんりゃく	침략
		<ruby>敵国<rt>てきこく</rt></ruby>から<ruby>侵略<rt>しんりゃく</rt></ruby>される。 적국으로부터 침략당하다.

診療	しんりょう	진료
		<ruby>患者<rt>かんじゃ</rt></ruby>を<ruby>診療<rt>しんりょう</rt></ruby>する。 환자를 진료하다.

進路	しんろ	진로
		<ruby>進路<rt>しんろ</rt></ruby>を<ruby>決<rt>き</rt></ruby>める。 진로를 결정하다.

神話	しんわ	신화
		<ruby>古代<rt>こだい</rt></ruby><ruby>神話<rt>しんわ</rt></ruby>を<ruby>読<rt>よ</rt></ruby>む。 고대 신화를 읽다.

親和	しんわ	친화, 사이좋게 잘 어울림
		チームの<ruby>親和<rt>しんわ</rt></ruby>を<ruby>図<rt>はか</rt></ruby>る。 팀의 친화를 도모하다.

推移	すいい	추이
		<ruby>情勢<rt>じょうせい</rt></ruby>の<ruby>推移<rt>すいい</rt></ruby>を<ruby>見守<rt>みまも</rt></ruby>る。 정세의 추이를 지켜보다.

水源	すいげん	수원, 수원지
		<ruby>水源<rt>すいげん</rt></ruby>が<ruby>汚染<rt>おせん</rt></ruby>される。 수원이 오염되다.

遂行	すいこう	수행, 완수
		<ruby>任務<rt>にんむ</rt></ruby>を<ruby>遂行<rt>すいこう</rt></ruby>する。 임무를 수행하다.

推進	すいしん	추진
		けいかく すいしん 計画を推進する。 계획을 추진하다.

吹奏	すいそう	취주, 관악기 연주
		こうしんきょく すいそう 行進曲を吹奏する。 행진곡을 연주하다.

推測	すいそく	추측
		こんねんど う あ すいそく 今年度の売り上げを推測する。 금년도의 매상을 추측하다.

衰退	すいたい	쇠퇴
		ち いき こうぎょう すいたい 地域の工業が衰退する。 지역 공업이 쇠퇴하다.

水田	すいでん	논
		すいでん こめ つく 水田でお米を作る。 논에서 쌀을 재배하다.

推理	すいり	추리
		すい り しょうせつ よ 推理小説を読む。 추리 소설을 읽다.

数値	すうち	수치
		すう ち ぶんせき 数値を分析する。 수치를 분석하다.

崇拝	すうはい	숭배
		えいゆう すうはい 英雄として崇拝する。 영웅으로서 숭배하다.

隙間	すきま	틈새, 틈
		まど すきま かぜ はい 窓の隙間から風が入ってくる。 창문 틈으로 바람이 들어오다.

筋道	すじみち	사리, 도리, 절차
		すじみち た かんが 筋道を立てて考える。 사리에 맞게 생각하다.

ずぶ濡れ ●びしょ濡れ ぬ	ずぶぬれ	흠뻑 젖음
		ど しゃ ぶ ぬ 土砂降りでずぶ濡れになる。 장대비에 흠뻑 젖다.

術	すべ	방법, 수단
		すべ なす術がない。 어찌 할 방법이 없다.

ずれ		어긋남 時間のずれを調整する。 시간의 어긋남을 조정하다.
すれ違い	すれちがい	스쳐 지나감, 엇갈림 すれ違いに会釈をする。 스쳐 지나가며 인사를 하다.
寸前	すんぜん	직전 衝突寸前にブレーキをかける。 충돌 직전에 브레이크를 걸다.
誠意	せいい	성의, 진심 誠意を持って接する。 성의를 갖고 대하다.
生育	せいいく	생육, 생물이 나서 자람 植物の生育が早い。 식물의 생육이 빠르다.
精鋭	せいえい	정예, 선택된 소수의 인재 精鋭部隊を派遣する。 정예 부대를 파견하다.
正規	せいき	정규 正規の手続きを踏む。 정규 절차를 밟다.
制裁	せいさい	제재 国連が制裁を科す。 유엔이 제재를 가하다.
政策	せいさく	정책 新しい政策を打ち出す。 새로운 정책을 내놓다.
精算	せいさん	정산 運賃を精算する。 운임을 정산하다.
生死	せいし	생사, 삶과 죽음 生死の境をさまよう。 생사의 경계를 헤매다.
成熟	せいじゅく	성숙 考えが成熟していく。 생각이 성숙해져 가다.
盛装	せいそう	성장, 화려하게 단장함, 차려입음 盛装して出かける。 차려입고 외출하다.

生息	せいそく	생식, 서식, 생존

野生動物が生息する。 야생 동물이 서식하다.

制定	せいてい	제정

新しい法律を制定する。 새로운 법률을 제정하다.

征服	せいふく	정복, 무력으로 복종시킴, 어려움을 이겨냄

敵を征服する。 적을 정복하다.

誓約	せいやく	서약

秘密を守ると誓約する。 비밀을 지키겠다고 서약하다.

誓約書	せいやくしょ	서약서

誓約書にサインする。 서약서에 사인하다.

税率	ぜいりつ	세율

消費税率が上がる。 소비세율이 오르다.

勢力	せいりょく	세력

勢力を拡張する。 세력을 확장하다.

責務	せきむ	책무, 책임과 의무

国民の責務を果たす。 국민의 책무를 다하다.

世間知らず	せけんしらず	세상 물정에 어두움, 철부지

世間知らずの発言をする。
세상 물정 모르는 발언을 하다.

世間体	せけんてい	세상에 대한 체면, 이목, 평판

世間体を気にする。 체면을 신경 쓰다.

世間話	せけんばなし	세상 이야기, 잡담

友達と世間話をする。 친구와 잡담을 하다.

施錠	せじょう	자물쇠를 채움

ドアに施錠する。 문에 자물쇠를 채우다.

是正	ぜせい	시정, 잘못된 것을 바로잡음

ミスを是正する。 실수를 시정하다.

世相	せそう	세상, 세태
		作品に世相を反映させる。 작품에 세태를 반영시키다.

世帯	せたい	세대, 가구
		一人暮らしの世帯が増えている。 1인 가구가 늘고 있다.

絶叫	ぜっきょう	절규
		恐怖のあまり絶叫する。 공포에 질린 나머지 절규하다.

絶賛	ぜっさん	절찬, 극찬
		彼女の演技は絶賛された。 그녀의 연기는 극찬을 받았다.

接触	せっしょく	접촉
		感染者との接触を避ける。 감염자와의 접촉을 피하다.

折衷 ➕ 折衷案 절충안	せっちゅう	절충, 여러 의견을 알맞게 조합해 정리함
		両者の意見を折衷する。 양자의 의견을 절충하다.

切望	せつぼう	절망, 간절히 바람, 갈망
		世界の平和を切望する。 세계의 평화를 갈망하다.

絶望	ぜつぼう	절망, 좌절감
		人生に絶望を感じる。 인생에 절망을 느끼다.

絶滅	ぜつめつ	절멸, 멸종
		絶滅の危機にある野生動物が多い。 멸종 위기에 있는 야생 동물이 많다.

世論 ⊜ せいろん, よろん	せろん	여론
		世論調査を実施する。 여론 조사를 실시하다.

善悪	ぜんあく	선악
		善悪の判断は難しい。 선악의 판단은 어렵다.

繊維	せんい	섬유
		綿の繊維は着心地がいい。 면 섬유는 착용감이 좋다.

宣言	せんげん	선언

独立を宣言する。 독립을 선언하다.

選考	せんこう	전형, 능력이나 자질 등을 가려 뽑음

新入社員を選考する。 신입 사원을 전형하다.

戦災	せんさい	전재, 전쟁으로 인한 재난

戦災で町が破壊される。 전쟁의 재난으로 마을이 파괴되다.

全集	ぜんしゅう	전집

作家の全集を出版する。 작가의 전집을 출판하다.

選出	せんしゅつ	선출

代表を選出する。 대표를 선출하다.

戦術	せんじゅつ	전술

巧みな戦術を駆使する。 능란한 전술을 구사하다.

前提	ぜんてい	전제

話し合いの前提条件を示す。
대화의 전제 조건을 제시하다.

戦闘	せんとう	전투

激しい戦闘が続く。 격렬한 전투가 계속되다.

潜入	せんにゅう	잠입

スパイが潜入する。 스파이가 잠입하다.

船舶	せんぱく	선박, 배

船舶が海を行き交う。 선박이 바다를 오가다.

潜伏	せんぷく	잠복

潜伏して犯人を逮捕する。 잠복하여 범인을 체포하다.

先方	せんぽう	상대방

先方の意向を確認する。 상대방의 의향을 확인하다.

全滅	ぜんめつ	전멸

水害で作物が全滅する。 수해로 작물이 전멸하다.

占領	せんりょう	점령
		敵国の首都を占領する。 적국의 수도를 점령하다.

憎悪	ぞうお	증오
		暴力を憎悪する。 폭력을 증오하다.

相応	そうおう	상응, 알맞음
		仕事に相応する報酬をもらう。 일에 상응하는 보수를 받다.

総額	そうがく	총액
		総額を計算する。 총액을 계산하다.

増強	ぞうきょう	증강, 수나 양을 늘려 더 강하게 함
		警備を増強する。 경비를 증강하다.

走行	そうこう	주행
		高速道路を走行する。 고속 도로를 주행하다.

喪失	そうしつ	상실
		記憶を喪失する。 기억을 상실하다.

操縦	そうじゅう	조종, 생각대로 부려 움직임
		機械を操縦する。 기계를 조종하다.

装飾 ⊜ 飾り	そうしょく	장식
		シンプルな装飾を施す。 단순한 장식을 하다.

増進	ぞうしん	증진, 기운이나 세력이 점점 늘어남
		福利厚生の増進を図る。 복리 후생의 증진을 도모하다.

相当	そうとう	상당, 해당
		このビタミンCはレモン5個分に相当する。 이 비타민C는 레몬 5개 분량에 해당한다.

遭難	そうなん	조난, 등산이나 항해 중 재난을 만남
		登山者が遭難する。 등산자가 조난하다.

相場	そうば	시가, 시장에서 상품이 거래되는 가격, 시세
		株価の相場が下がる。 주가의 시세가 떨어지다.

装備	そうび	장비
		装備を点検する。 장비를 점검하다.

双方	そうほう	쌍방, 양쪽
		双方の意見を聞く。 쌍방의 의견을 듣다.

促進	そくしん	촉진
		改革を促進する。 개혁을 촉진하다.

束縛	そくばく	속박
		過度な束縛を嫌う。 과도한 속박을 싫어하다.

側面	そくめん	측면, 한 부분
		この問題には別の側面もある。 이 문제에는 다른 측면도 있다.

底力	そこぢから	저력
		底力を発揮する。 저력을 발휘하다.

素材	そざい	소재, 원재료
		素材を生かした料理を作る。 원재료를 살린 요리를 만들다.

阻止	そし	저지
		悪の勢力を阻止する。 악의 세력을 저지하다.

素質	そしつ	소질
		音楽の素質がある。 음악에 소질이 있다.

訴訟	そしょう	소송
		訴訟を起こす。 소송을 일으키다.

措置 ⊜処置	そち	조치, 대책
		適切な措置を講じる。 적절한 조치를 강구하다.

率先	そっせん	솔선
		率先して行動する。 솔선하여 행동하다.

そっぽ		다른 쪽
⊜ そっぽう		そっぽを向く。 외면하다.

素養	そよう	소양, 교양, 학문이나 기술
		彼女には絵の素養がある。
		그녀에게는 그림의 소양이 있다.

尊厳	そんげん	존엄
		人間の尊厳を守る。 인간의 존엄을 지키다.

損失	そんしつ	손실
⊜ 利益 이익, 이득		会社に損失を与える。 회사에 손실을 주다.

存続	そんぞく	존속
		会社の存続が危うい。 회사의 존속이 위태롭다.

隊員	たいいん	대원
		隊員の士気が上がる。 대원의 사기가 오르다.

対応	たいおう	대응
		変化に対応する。 변화에 대응하다.

大家	たいか	대가, 권위자
		彼はこの分野の大家だ。 그는 이 분야의 대가이다.

退化	たいか	퇴화
⊜ 進化 진화		記憶力が退化する。 기억력이 퇴화하다.

大金	たいきん	거금, 큰 돈
		大金を投じる。 거금을 투자하다.

待遇	たいぐう	대우, 처우
		今の待遇に不満を持つ。 지금의 대우에 불만을 갖다.

体験	たいけん	체험

貴重な体験をする。 귀중한 체험을 하다.

対抗	たいこう	대항

ライバルに対抗する。 라이벌에 대항하다.

代行	だいこう	대행

弁護士が依頼人を代行する。
변호사가 의뢰인을 대행하다.

退治	たいじ	퇴치

害虫を退治する。 해충을 퇴치하다.

大衆	たいしゅう	대중, 민중

大衆の支持を得る。 대중의 지지를 얻다.

対処	たいしょ	대처

非常事態に対処する。 비상사태에 대처하다.

態勢	たいせい	태세

支援態勢を整える。 지원 태세를 갖추다.

体積	たいせき	체적, 부피

物体の体積を量る。 물체의 부피를 재다.

大地	だいち	대지, 광대한 토지

雨が大地を潤す。 비가 대지를 적시다.

体調	たいちょう	몸 상태, 컨디션

体調を崩す。 몸 상태가 나빠지다.

台無し	だいなし	엉망이 됨, 형편없어짐

せっかくの計画が台無しになる。
모처럼의 계획이 엉망이 되다.

滞納	たいのう	체납

家賃の滞納が続く。 집세 체납이 계속되다.

待望	たいぼう	대망

待望の新製品が発売された。
대망의 신제품이 출시되었다.

台本	だいほん	대본

ドラマの台本を書く。 드라마 대본을 쓰다.

怠慢	たいまん	태만

部下の怠慢を叱る。 부하의 태만을 꾸짖다.

対面	たいめん	대면

直接対面して話し合う。 직접 대면하여 이야기하다.

大役	たいやく	중임, 중책, 큰 역할

大役を任せる。 중책을 맡기다.

太陽光	たいようこう	태양광

太陽光発電を導入する。 태양광 발전을 도입하다.

打開	だかい	타개

難局を打開する。 난국을 타개하다.

宝くじ	たからくじ	복권

宝くじに当たる。 복권에 당첨되다.

多岐	たき	여러 갈래, 다방면

意見が多岐にわたる。 의견이 여러 갈래에 걸치다.

妥協	だきょう	타협

双方が妥協する。 쌍방이 타협하다.

類	たぐい	같은 종류의 것, 동류

この類のものはたくさんある。
이런 종류의 것은 많이 있다.

打撃	だげき	타격

大きな打撃を受ける。 커다란 타격을 받다.

妥結	だけつ	타결

交渉がようやく妥結した。 교섭이 마침내 타결되었다.

駄作	ださく	졸작, 시시한 작품

彼の小説は駄作だ。 그의 소설은 졸작이다.

打診	だしん	타진, 상대의 의향 등을 미리 살핌

上司の意見を打診する。 상사의 의견을 타진하다.

多数決	たすうけつ	다수결

多数決で決める。 다수결로 결정하다.

脱出	だっしゅつ	탈출

火事から脱出する。 화재에서 탈출하다.

達成	たっせい	달성

目標を達成する。 목표를 달성하다.

脱退	だったい	탈퇴

組合を脱退する。 조합을 탈퇴하다.

建前	たてまえ	(표면상의) 방침, 원칙, 주장

⊖立前
⊕本音 본심

建前ではなく、本音が聞きたい。 표면상의 주장이 아니라 본심을 듣고 싶다.

旅先	たびさき	여행지

旅先で葉書を書く。 여행지에서 엽서를 쓰다.

魂	たましい	혼, 영혼

魂を込めて歌う。 혼을 담아 노래하다.

堕落	だらく	타락

倫理観の堕落が心配だ。 윤리관의 타락이 걱정이다.

単価	たんか	단가, 개당 가격

商品の単価を下げる。 상품의 단가를 낮추다.

探検	たんけん	탐험
		無人島を探検する。 무인도를 탐험하다.

断言	だんげん	단언
		絶対に成功すると断言する。 반드시 성공한다고 단언하다.

短縮	たんしゅく	단축
		作業時間を短縮する。 작업 시간을 단축하다.

単身	たんしん	단신, 혼자
		単身で海外旅行に行く。 혼자서 해외여행을 가다.

淡水	たんすい	담수, 민물
		この魚は淡水に住む。 이 물고기는 민물에 산다.

探知	たんち	탐지, 찾아 알아냄
		敵の動きを探知する。 적의 움직임을 탐지하다.

単独	たんどく	단독
		会長が単独で決定する。 회장이 단독으로 결정하다.

断念	だんねん	단념
		計画を断念する。 계획을 단념하다.

たんぱく質	たんぱくしつ	단백질
		たんぱく質を摂る。 단백질을 섭취하다.

弾力	だんりょく	탄력
		弾力のある肌を保つ。 탄력 있는 피부를 유지하다.

蓄積	ちくせき	축적
		知識を蓄積する。 지식을 축적하다.

地中	ちちゅう	지하, 땅속
		電線を地中に埋める。 전선을 땅속에 묻다.

秩序	ちつじょ	질서
		公共の秩序を守る。 공공의 질서를 지키다.

窒息	ちっそく	질식
		煙で窒息しそうだ。 연기에 질식할 것 같다.

着手	ちゃくしゅ	착수
		プロジェクトに着手する。 프로젝트에 착수하다.

着目	ちゃくもく	착목, 착안, 주목
		重要ポイントに着目する。 중요한 포인트에 주목하다.

治癒	ちゆ	치유
		病気が治癒する。 병이 치유되다.

宙返り	ちゅうがえり	공중회전, 공중제비
		宙返りして着地する。 공중제비하여 착지하다.

忠告	ちゅうこく	충고
		部下に忠告する。 부하에게 충고하다.

仲裁	ちゅうさい	중재, 분쟁에서 쌍방을 화해시킴
⊖ 調停 조정		紛争の仲裁をする。 분쟁의 중재를 하다.

抽出	ちゅうしゅつ	추출, 뽑아냄
		無作為に抽出する。 무작위로 추출하다.

中傷	ちゅうしょう	중상, 비방
		根拠のない中傷を受ける。 근거 없는 비방을 당하다.

中枢	ちゅうすう	중추, 중심
		経営の中枢を担う。 경영의 중추를 담당하다.

抽選	ちゅうせん	추첨
		抽選で当たる。 추첨으로 당첨되다.

中毒	ちゅうどく	중독
		麻薬中毒に陥る。 마약 중독에 빠지다.

調印	ちょういん	조인, 약정서 등에 도장을 찍거나 서명함
		条約に調印する。 조약에 조인하다.

聴覚	ちょうかく	청각
		聴覚が低下する。 청각이 저하되다.

兆候	ちょうこう	징후, 징조
		景気回復の兆候が見える。 경기 회복의 징후가 보인다.

長寿	ちょうじゅ	장수
		長寿を祝う。 장수를 축하하다.

徴収	ちょうしゅう	징수
		税金を徴収する。 세금을 징수하다.

挑戦	ちょうせん	도전
		世界記録に挑戦する。 세계 기록에 도전하다.

調達	ちょうたつ	조달
		資金を調達する。 자금을 조달하다.

調停 ⊖ 仲裁 중재	ちょうてい	조정, 중재
		紛争を調停で解決する。 분쟁을 조정으로 해결하다.

重複 ⊖ じゅうふく	ちょうふく	중복
		同じ話題が重複する。 같은 화제가 중복되다.

重宝	ちょうほう	잘 사용함, 애용함
		このお皿は重宝している。 이 접시는 애용하고 있다.

調和	ちょうわ	조화
		自然と調和する。 자연과 조화를 이루다.

直面	ちょくめん	직면
		困難に直面する。 곤란에 직면하다.

著作権	ちょさくけん	저작권
		著作権を保護する。 저작권을 보호하다.

貯蓄	ちょちく	저축
		将来に備えて貯蓄する。 장래에 대비하여 저축하다.

直感	ちょっかん	직감

危険を直感する。 위험을 직감하다.

沈下	ちんか	침하

地盤沈下が起きる。 지반 침하가 일어나다.

賃貸	ちんたい	임대

ビルを賃貸する。 빌딩을 임대하다.

珍味	ちんみ	진미, 고귀하고 맛이 좋은 음식

山海の珍味を味わう。 산해진미를 맛보다.

沈黙	ちんもく	침묵

沈黙を守る。 침묵을 지키다.

陳列	ちんれつ	진열

商品を陳列する。 상품을 진열하다.

追及	ついきゅう	추궁

犯行の動機を追及する。 범행 동기를 추궁하다.

追跡	ついせき	추적

容疑者を追跡する。 용의자를 추적하다.

墜落	ついらく	추락

ジェット機が墜落する。 제트기가 추락하다.

痛感	つうかん	통감

責任を痛感する。 책임을 통감하다.

束の間	つかのま	잠깐 사이, 짧은 시간

束の間の休みを取る。 잠깐의 휴식을 취하다.

つじつま		앞뒤, 아귀

➕つじつまが合う 앞뒤가 맞다

つじつまが合わない。 앞뒤가 맞지 않는다.

都度	つど	매번, 매회, ~할 때마다

使用の都度、料金を支払う。
사용할 때마다 요금을 지불한다.

勤め先	つとめさき	근무처

勤め先を変える。 근무처를 바꾸다.

粒状	つぶじょう	입자 상태, 알갱이 모양, 과립형
⊜ りゅうじょう		

粒状の薬を飲む。 과립형 약을 먹다.

つぼみ		꽃봉오리

花のつぼみが膨らむ。 꽃봉오리가 부풀다.

露	つゆ	이슬

葉っぱに露がついている。 잎사귀에 이슬이 맺혀 있다.

強火	つよび	센불
⊜ 弱火 약불		

強火で炒める。 센불에서 볶다.

強み	つよみ	강점

強みを生かす。 강점을 살리다.

手当	てあて	① 치료, 처치

怪我の手当をする。 부상을 치료하다.

② 수당

特別手当を支給する。 특별 수당을 지급하다.

提起	ていき	제기

問題を提起する。 문제를 제기하다.

提供	ていきょう	제공

サービスを提供する。 서비스를 제공하다.

提携	ていけい	제휴

業務提携を行う。 업무 제휴를 실행하다.

体裁	ていさい	① 체재, 형식

論文の体裁を整える。 논문의 형식을 가다듬다.

② 체면

体裁を気にする。 체면을 신경 쓰다.

提示	ていじ	제시
		<ruby>証<rt>しょう</rt></ruby><ruby>拠<rt>こ</rt></ruby>を<ruby>提<rt>てい</rt></ruby><ruby>示<rt>じ</rt></ruby>する。 증거를 제시하다.

泥酔	でいすい	몹시 취함, 만취
		<ruby>泥<rt>でい</rt></ruby><ruby>酔<rt>すい</rt></ruby>するまで<ruby>飲<rt>の</rt></ruby>む。 만취할 때까지 마시다.

停滞	ていたい	정체, 침체
		<ruby>景<rt>けい</rt></ruby><ruby>気<rt>き</rt></ruby>が<ruby>停<rt>てい</rt></ruby><ruby>滞<rt>たい</rt></ruby>する。 경기가 정체되다.

邸宅	ていたく	저택
		<ruby>豪<rt>ごう</rt></ruby><ruby>華<rt>か</rt></ruby>な<ruby>邸<rt>てい</rt></ruby><ruby>宅<rt>たく</rt></ruby>に<ruby>住<rt>す</rt></ruby>む。 호화로운 저택에 살다.

手遅れ	ておくれ	때늦음, 시기를 놓침
		もう<ruby>手<rt>て</rt></ruby><ruby>遅<rt>おく</rt></ruby>れだ。 이미 때가 늦었다.

手掛かり	てがかり	실마리, 단서
		<ruby>事<rt>じ</rt></ruby><ruby>件<rt>けん</rt></ruby>の<ruby>手<rt>て</rt></ruby><ruby>掛<rt>が</rt></ruby>かりを<ruby>探<rt>さが</rt></ruby>す。 사건의 실마리를 찾다.

出来	でき	완성, 성과, 결과, 완성도
		<ruby>仕<rt>し</rt></ruby><ruby>事<rt>ごと</rt></ruby>の<ruby>出<rt>で</rt></ruby><ruby>来<rt>き</rt></ruby>が<ruby>悪<rt>わる</rt></ruby>い。 일의 성과가 좋지 않다.

適応	てきおう	적응
		<ruby>環<rt>かん</rt></ruby><ruby>境<rt>きょう</rt></ruby>に<ruby>適<rt>てき</rt></ruby><ruby>応<rt>おう</rt></ruby>する。 환경에 적응하다.

手際	てぎわ	솜씨, 수완
		<ruby>彼<rt>かれ</rt></ruby>は<ruby>手<rt>て</rt></ruby><ruby>際<rt>ぎわ</rt></ruby>が<ruby>良<rt>い</rt></ruby>い。 그는 수완이 좋다.

手応え	てごたえ	반응, 보람
		<ruby>何<rt>なん</rt></ruby><ruby>度<rt>ど</rt></ruby><ruby>話<rt>はな</rt></ruby>しても<ruby>手<rt>て</rt></ruby><ruby>応<rt>ごた</rt></ruby>えがない。 몇 번을 말해도 반응이 없다.

手順	てじゅん	순서, 차례, 수순
		<ruby>正<rt>ただ</rt></ruby>しい<ruby>手<rt>て</rt></ruby><ruby>順<rt>じゅん</rt></ruby>を<ruby>踏<rt>ふ</rt></ruby>む。 올바른 수순을 밟다.

手立て	てだて	구체적 방법, 구체적 수단
		<ruby>対<rt>たい</rt></ruby><ruby>策<rt>さく</rt></ruby>を<ruby>講<rt>こう</rt></ruby>じる<ruby>手<rt>て</rt></ruby><ruby>立<rt>だ</rt></ruby>てがない。 대책을 강구할 방법이 없다.

手違い	てちがい	착오, 차질, 실책
		資料に手違いがあった。 자료에 착오가 있었다.

撤回	てっかい	철회
		発言を撤回する。 발언을 철회하다.

撤去	てっきょ	철거
		不法建築物を撤去する。 불법 건축물을 철거하다.

てっぺん		꼭대기, 정상
		山のてっぺんが見える。 산 정상이 보인다.

出直し	でなおし	재출발, 다시 시작함
		一から出直しする。 처음부터 다시 시작하다.

手抜き	てぬき	부실, 날림
		手抜き工事が発覚した。 부실 공사가 발각되었다.

手配	てはい	① 준비, 채비
		会議の場所を手配する。 회의 장소를 준비하다.
		② 수배
		犯人を指名手配する。 범인을 지명 수배하다.

手筈	てはず	사전 준비, 계획
		出発の手筈を整える。 출발 준비를 갖추다.

手引き	てびき	안내
		使用の手引きを作成する。 사용 안내를 작성하다.

手本	てほん	표본, 모범, 본보기
		子供によい手本を示す。 아이에게 좋은 본보기를 보이다.

手回し	てまわし	① 수동식
		手回しのオルゴールを演奏する。 수동식 오르골을 연주하다.
		② 준비
		旅行の手回しができる。 여행 준비가 끝나다.

手元	てもと	수중, 자기 주변 本を手元に置く。 책을 수중에 두다.
手分け	てわけ	분담 仕事を手分けする。 일을 분담하다.
田園 ⊜田舎	でんえん	전원, 시골 目の前に田園風景が広がる。 눈앞에 전원 풍경이 펼쳐지다.
転換	てんかん	전환 方針を転換する。 방침을 전환하다.
転居 ⊜引っ越し	てんきょ	이사 転居の準備を進める。 이사 준비를 진행하다.
点検	てんけん	점검 人員を点検する。 인원을 점검하다.
転校	てんこう	전학 引っ越しで転校することになる。 이사로 전학을 가게 되다.
天災	てんさい	천재, 자연재해, 천재지변 天災に見舞われる。 천재지변을 겪다.
伝承	でんしょう	전승, 계승 伝統文化を伝承する。 전통문화를 전승하다.
転職	てんしょく	전직, 이직 転職して再出発を図る。 이직하여 재출발을 꾀하다.
転覆	てんぷく	전복, 뒤집힘 ボートが転覆する。 보트가 전복되다.
展望	てんぼう	전망 明るい未来を展望する。 밝은 미래를 전망하다.

転落	てんらく	전락, 굴러떨어짐
		階段(かいだん)から転落(てんらく)する。 계단에서 굴러떨어지다.
胴	どう	몸통, 동체
		胴(どう)が細(ほそ)い。 몸통이 가늘다.
陶器	とうき	도기
		陶器(とうき)の花瓶(かびん)を買(か)う。 도기 꽃병을 사다.
討議	とうぎ	토의
		活発(かっぱつ)に討議(とうぎ)する。 활발하게 토의하다.
動機	どうき	동기
		犯行(はんこう)の動機(どうき)が不明(ふめい)だ。 범행 동기가 불분명하다.
同級生	どうきゅうせい	동급생
		同級生(どうきゅうせい)と再会(さいかい)した。 동급생과 재회했다.
当局	とうきょく	당국
		当局(とうきょく)の発表(はっぴょう)を伝(つた)える。 당국의 발표를 전하다.
統合	とうごう	통합
		二(ふた)つの組織(そしき)を統合(とうごう)する。 두 조직을 통합하다.
搭載	とうさい	탑재
		ケータイに新機能(しんきのう)を搭載(とうさい)する。 휴대폰에 새로운 기능을 탑재하다.
倒産	とうさん	도산
		取引先(とりひきさき)が倒産(とうさん)する。 거래처가 도산하다.
投資	とうし	투자
		株式(かぶしき)に投資(とうし)する。 주식에 투자하다.
同士	どうし	같은 부류, ~끼리
		社員(しゃいん)同士(どうし)で協力(きょうりょく)する。 사원끼리 협력하다.
当事者	とうじしゃ	당사자
		当事者(とうじしゃ)の意見(いけん)を聞(き)く。 당사자의 의견을 듣다.

踏襲	とうしゅう	답습, 그대로 계승함
		前社長の方針を踏襲する。 이전 사장의 방침을 답습하다.

当初	とうしょ	당초
⊜ 最初 최초, 처음		当初の予定を変える。 당초의 예정을 바꾸다.

同情	どうじょう	동정
		被害者に同情する。 피해자를 동정하다.

統制	とうせい	통제
		物価を統制する。 물가를 통제하다.

当選	とうせん	당선
		選挙で当選する。 선거에서 당선되다.

同然	どうぜん	똑같음, 다름없음
		社長同然の権力を持つ。 사장이나 다름없는 권력을 가지다.

闘争	とうそう	투쟁
		賃上げを求めて闘争する。 임금 인상을 요구하며 투쟁하다.

統率	とうそつ	통솔
		部下を統率する。 부하를 통솔하다.

到達	とうたつ	도달
		山頂に到達する。 산 정상에 도달하다.

統治	とうち	통치
		国を統治する。 나라를 통치하다.

同調	どうちょう	동조, 동의, 찬동
		多数派に同調する。 다수파에 동조하다.

同等	どうとう	동등
		プロと同等の実力を持つ。 프로와 동등한 실력을 가지다.

投入	とうにゅう	**투입**
		多額の資金を投入する。 거액의 자금을 투입하다.

導入	どうにゅう	**도입**
		新技術を導入する。 신기술을 도입하다.

党派	とうは	**당파**
		党派を超えて協力する。 당파를 초월하여 협력하다.

同封	どうふう	**동봉**
		書類を同封する。 서류를 동봉하다.

同盟	どうめい	**동맹**
		他国と同盟を結ぶ。 타국과 동맹을 맺다.

当面	とうめん	**당면, 지금 직면하고 있음**
⊖ 直面 직면		当面の課題に取り組む。 당면한 과제에 몰두하다.

投与	とうよ	**투여**
		患者に薬を投与する。 환자에게 약을 투여하다.

動揺	どうよう	**동요**
		事故にあって動揺する。 사고를 당하여 동요하다.

同類	どうるい	**동류, 같은 종류**
		同類の事故を防止する。 같은 종류의 사고를 방지하다.

特技	とくぎ	**특기**
		自分の特技を生かす。 자신의 특기를 살리다.

独裁	どくさい	**독재**
		独裁政権が崩壊する。 독재 정권이 붕괴되다.

特産	とくさん	**특산, 특산물**
		地域の特産を使って料理を作る。 지역 특산물을 사용하여 요리를 만들다.

特設	とくせつ	**특설**
		特設会場を用意する。 특설 회장을 마련하다.

独占 ⊜ 独り占め	どくせん	**독점, 독차지** 市場を独占する。 시장을 독점하다.
独創性	どくそうせい	**독창성** 独創性を発揮する。 독창성을 발휘하다.
督促	とくそく	**독촉** 納税の督促を受ける。 납세의 독촉을 받다.
得点	とくてん	**득점** 大量に得点する。 대량으로 득점하다.
独特	どくとく	**독특함** この店には独特の雰囲気がある。 이 가게에는 독특한 분위기가 있다.
匿名	とくめい	**익명** 匿名で投稿する。 익명으로 투고하다.
戸締り	とじまり	**문단속** 寝る前に戸締りを確認する。 자기 전에 문단속을 확인하다.
土台	どだい	**토대, 기초** 経済成長の土台を築く。 경제 성장의 토대를 구축하다.
特許	とっきょ	**특허** 特許を取得する。 특허를 취득하다.
特権	とっけん	**특권** 特権を与える。 특권을 주다.
突破	とっぱ	**돌파** 募金が目標額を突破する。 모금이 목표액을 돌파하다.
土手	どて	**둑, 제방** 川沿いに土手を築く。 강가에 둑을 쌓다.

扉	とびら	문, 여닫이문 扉を開ける。 문을 열다.
土木	どぼく	토목, 토목 공사 土木工事を行う。 토목 공사를 실행하다.
取り返し	とりかえし	되찾음, 돌이킴 今となっては取り返しがつかない。 지금으로서는 돌이킬 수 없다.
取り締まり	とりしまり	단속, 감독, 관리, 감시 交通違反の取り締まりを行う。 교통 위반 단속을 실시하다.
度忘れ	どわすれ	깜빡 잊음 相手の名前を度忘れする。 상대방의 이름을 깜빡 잊다.
問屋	とんや	도매상, 도맡아 함 問屋を通して商品を仕入れる。 도매상을 통하여 상품을 매입하다.
内閣	ないかく	내각 内閣が総辞職する。 내각이 총사퇴하다.
内心	ないしん	내심, 속마음 内心では不安だ。 내심으로는 불안하다.
内臓	ないぞう	내장 内臓疾患を患う。 내장 질환을 앓다.
苗	なえ	모종 苗を植える。 모종을 심다.
仲間入り	なかまいり	동참, 합류 先進国の仲間入りを果たす。 선진국 합류를 이루다.
仲人	なこうど	중재인, 중매인 仲人として仲裁を行う。 중재인으로서 중재를 하다.

名残	なごり	① 자취, 여운, 여파 昔の名残を感じさせる。 과거의 자취를 느끼게 하다. ② 미련, 이별의 아쉬움 別れの名残を惜しむ。 이별의 미련을 아쉬워하다.
雪崩	なだれ	눈사태 山で雪崩が起きる。 산에서 눈사태가 일어나다.
名札	なふだ	명찰, 이름표, 명함 名札を胸に付ける。 이름표를 가슴에 달다.
怠け者	なまけもの	게으름뱅이 彼は怠け者で仕事もしない。 그는 게으름뱅이라서 일도 하지 않는다.
難	なん	재난, 어려움, 결점 難を乗り越える。 어려움을 극복하다.
難航	なんこう	난항, 장애에 부딪힘 交渉が難航する。 교섭이 난항을 겪다.
難点	なんてん	어려운 점, 곤란한 점, 결점 計画に難点がある。 계획에 곤란한 점이 있다.
荷	に	짐, 부담 私にこの仕事は荷が重い。 나에게 이 일은 부담이 크다.
苦味	にがみ	쓴맛 苦味の強いコーヒーが好きだ。 쓴맛이 강한 커피를 좋아한다.
憎しみ	にくしみ	미움, 증오 周囲の憎しみを買う。 주위의 미움을 사다.
肉親	にくしん	육친 肉親の元に帰る。 육친의 품으로 돌아가다.

偽物	にせもの	**가짜, 위조품** 偽物を見抜く。 가짜를 간파하다.
日夜	にちや	**주야, 밤낮** 日夜研究に励む。 밤낮으로 연구에 힘쓰다.
二の次	にのつぎ	**두 번째, 나중 문제, 뒷전** 安全を二の次にする。 안전을 뒷전으로 미루다.
乳児	にゅうじ	**유아, 젖먹이** 乳児にミルクを与える。 유아에게 우유를 주다.
入手	にゅうしゅ	**입수** 情報を入手する。 정보를 입수하다.
認識	にんしき	**인식** 問題の重大性を認識する。 문제의 중대성을 인식하다.
人情	にんじょう	**인정** 彼女は人情に厚い。 그녀는 인정이 두텁다.
妊娠	にんしん	**임신** 妊娠中は無理をしない方がいい。 임신 중에는 무리하지 않는 것이 좋다.
忍耐	にんたい	**인내** この仕事は忍耐を要する。 이 일은 인내를 요한다.
認知	にんち	**인지** 現状を認知する。 현 상황을 인지하다.
任務	にんむ	**임무** 任務を遂行する。 임무를 수행하다.
任命	にんめい	**임명** 部長に任命される。 부장으로 임명되다.
沼	ぬま	**늪, 습지** 沼に鳥が飛んでくる。 습지에 새가 날아오다.

音色	ねいろ	음색 ピアノの音色が心地よい。 피아노의 음색이 기분 좋다.
値打ち	ねうち	값어치, 가치, 가격 これはやってみる値打ちがある。 이것은 해 볼 만한 가치가 있다.
熱意	ねつい	열의 熱意を持って取り組む。 열의를 갖고 몰두하다.
熱帯夜	ねったいや	열대야 熱帯夜で寝苦しい。 열대야라서 잠들기 힘들다.
熱湯	ねっとう	열탕, 끓는 물 熱湯でやけどをする。 끓는 물에 화상을 입다.
根回し	ねまわし	사전 교섭, 물밑 작업 根回しを済ませる。 물밑 작업을 끝내다.
年鑑	ねんかん	연감 年鑑を発行する。 연감을 발행하다.
念願	ねんがん	염원 念願のマイホームを手に入れる。 염원하던 내 집을 손에 넣다.
年次	ねんじ	연차 年次報告書を提出する。 연차 보고서를 제출하다.
燃焼	ねんしょう	연소, 불탐, 불사름 ガスが燃焼する。 가스가 연소되다.
年長 ●年少 연소, 연소자	ねんちょう	연상, 연장자 年長の人に敬意を払う。 연장자에게 경의를 표하다.
念頭	ねんとう	염두, 마음속 念頭に置く。 염두에 두다.

粘膜	ねんまく	점막

この薬は胃の粘膜を保護する。
이 약은 위 점막을 보호한다.

燃料	ねんりょう	연료

燃料が切れる。 연료가 떨어지다.

濃縮	のうしゅく	농축

みかんの果汁を濃縮する。 귤의 과즙을 농축하다.

農地	のうち	농지, 농경지

広大な農地が広がる。 광대한 농지가 펼쳐지다.

納入	のうにゅう	납입, 납부

会費を納入する。 회비를 납입하다.

能面	のうめん	전통극 가면

能面を被る。 가면을 쓰다.

延べ	のべ	연, 합계

祭りに延べ10万人が参加した。
축제에 연 10만 명이 참가했다.

飲み込み	のみこみ	이해, 납득

彼は飲み込みが早い。 그는 이해가 빠르다.

把握	はあく	파악

状況を把握する。 상황을 파악하다.

敗因	はいいん	패인

敗因を分析する。 패인을 분석하다.

廃棄	はいき	폐기

不要なものを廃棄する。 불필요한 것을 폐기하다.

配給	はいきゅう	배급

食料を配給する。 식량을 배급하다.

配偶者	はいぐうしゃ	**배우자** 書類に配偶者の有無を記入する。 서류에 배우자의 유무를 기입하다.
背景	はいけい	**배경** 事件の背景を探る。 사건의 배경을 살피다.
背後 ◉後ろ	はいご	**배후, 등 뒤** 背後から声をかける。 등 뒤에서 말을 걸다.
排除	はいじょ	**배제, 제외** 有害物質を排除する。 유해 물질을 배제하다.
賠償	ばいしょう	**배상** 損害賠償を請求する。 손해 배상을 청구하다.
排水	はいすい	**배수, 물 빼기** 下水道に排水する。 하수도에 배수하다.
排斥	はいせき	**배척** 輸入品を排斥する。 수입품을 배척하다.
敗戦	はいせん	**패전** 戦争で敗戦する。 전쟁에서 패전하다.
配属	はいぞく	**배속** 希望の部署に配属される。 희망 부서에 배속되다.
配当	はいとう	**배당, 배분** 株主に配当を支払う。 주주에게 배당을 지급하다.
配布	はいふ	**배포** チラシを配布する。 전단을 배포하다.
敗北 ◉勝利 승리	はいぼく	**패배** 試合に敗北する。 시합에 패배하다.
配慮 ◉心づかい	はいりょ	**배려, 마음 씀** 相手の気持ちに配慮する。 상대방의 기분을 배려하다.

破壊	はかい	파괴
		地震<ruby>じしん</ruby>で建物<ruby>たてもの</ruby>が破壊<ruby>はかい</ruby>される。 지진으로 건물이 파괴되다.

破棄	はき	파기
		古<ruby>ふる</ruby>い書類<ruby>しょるい</ruby>を破棄<ruby>はき</ruby>する。 낡은 서류를 파기하다.

波及	はきゅう	파급
		混乱<ruby>こんらん</ruby>が波及<ruby>はきゅう</ruby>する。 혼란이 파급되다.

迫害	はくがい	박해
		宗教上<ruby>しゅうきょうじょう</ruby>の理由<ruby>りゆう</ruby>で迫害<ruby>はくがい</ruby>を受<ruby>う</ruby>ける。 종교상의 이유로 박해를 받다.

白状	はくじょう	자백, 진술
		容疑者<ruby>ようぎしゃ</ruby>が白状<ruby>はくじょう</ruby>する。 용의자가 자백하다.

爆弾	ばくだん	폭탄
		爆弾<ruby>ばくだん</ruby>が爆発<ruby>ばくはつ</ruby>する。 폭탄이 폭발하다.

爆破	ばくは	폭파
		岩<ruby>いわ</ruby>を爆破<ruby>ばくは</ruby>する。 바위를 폭파하다.

暴露	ばくろ	폭로
		スキャンダルを暴露<ruby>ばくろ</ruby>する。 스캔들을 폭로하다.

派遣	はけん	파견
		社員<ruby>しゃいん</ruby>を海外<ruby>かいがい</ruby>に派遣<ruby>はけん</ruby>する。 사원을 해외에 파견하다.

橋渡し ➕橋渡<ruby>はしわた</ruby>し役<ruby>やく</ruby> 중개역	はしわたし	중개
		取引<ruby>とりひき</ruby>の橋渡<ruby>はしわた</ruby>しをする。 거래를 중개하다.

派生	はせい	파생
		新<ruby>あたら</ruby>しい問題<ruby>もんだい</ruby>が派生<ruby>はせい</ruby>する。 새로운 문제가 파생되다.

破損	はそん	파손
		台風<ruby>たいふう</ruby>で家屋<ruby>かおく</ruby>が破損<ruby>はそん</ruby>する。 태풍으로 가옥이 파손되다.

裸足	はだし	맨발
		裸足<ruby>はだし</ruby>で砂浜<ruby>すなはま</ruby>を歩<ruby>ある</ruby>く。 맨발로 모래사장을 걷다.

蜂蜜	はちみつ	벌꿀
		<ruby>蜂蜜<rt>はちみつ</rt></ruby>は<ruby>栄養価<rt>えいようか</rt></ruby>が<ruby>高<rt>たか</rt></ruby>い。 벌꿀은 영양가가 높다.
発芽	はつが	발아
		<ruby>種<rt>たね</rt></ruby>が<ruby>発芽<rt>はつが</rt></ruby>する。 씨앗이 발아하다.
発覚	はっかく	발각
		<ruby>会計<rt>かいけい</rt></ruby><ruby>不正<rt>ふせい</rt></ruby>が<ruby>発覚<rt>はっかく</rt></ruby>する。 회계 부정이 발각되다.
抜群	ばつぐん	발군, 뛰어남, 출중함
		<ruby>彼<rt>かれ</rt></ruby>の<ruby>実力<rt>じつりょく</rt></ruby>は<ruby>抜群<rt>ばつぐん</rt></ruby>だ。 그의 실력은 뛰어나다.
発散	はっさん	발산
		ストレスを<ruby>発散<rt>はっさん</rt></ruby>する。 스트레스를 발산하다.
抜粋	ばっすい	발췌
		<ruby>要点<rt>ようてん</rt></ruby>を<ruby>抜粋<rt>ばっすい</rt></ruby>する。 요점을 발췌하다.
発病	はつびょう	발병
		<ruby>過労<rt>かろう</rt></ruby>が<ruby>原因<rt>げんいん</rt></ruby>で<ruby>発病<rt>はつびょう</rt></ruby>する。 과로가 원인이 되어 발병하다.
初耳	はつみみ	초문, 처음 들음, 금시초문
		その<ruby>話<rt>はなし</rt></ruby>は<ruby>初耳<rt>はつみみ</rt></ruby>だ。 그 이야기는 금시초문이다.
浜	はま	바닷가, 해변
		<ruby>近<rt>ちか</rt></ruby>くの<ruby>浜<rt>はま</rt></ruby>を<ruby>散策<rt>さんさく</rt></ruby>する。 근처의 해변을 산책하다.
張り紙	はりがみ	벽보
		<ruby>掲示板<rt>けいじばん</rt></ruby>に<ruby>張<rt>は</rt></ruby>り<ruby>紙<rt>がみ</rt></ruby>をする。 게시판에 벽보를 붙이다.
破裂	はれつ	파열, 갈라져 터짐
		<ruby>水道管<rt>すいどうかん</rt></ruby>が<ruby>破裂<rt>はれつ</rt></ruby>する。 수도관이 파열되다.
繁栄	はんえい	번영
		<ruby>港町<rt>みなとまち</rt></ruby>として<ruby>繁栄<rt>はんえい</rt></ruby>する。 항구 도시로서 번영하다.
半額	はんがく	반값
		<ruby>半額<rt>はんがく</rt></ruby>セールを<ruby>開催<rt>かいさい</rt></ruby>する。 반값 세일을 개최하다.

反感	はんかん	반감
		彼の態度に反感を抱く。 그의 태도에 반감을 품다.

反響	はんきょう	반향
		大きな反響を呼ぶ。 큰 반향을 불러일으키다.

反撃	はんげき	반격
		敵の攻撃に反撃する。 적의 공격에 반격하다.

判決	はんけつ	판결
		裁判所が判決を下す。 법원이 판결을 내리다.

万事	ばんじ	만사, 매사, 모든 일
		万事うまくいく。 만사가 잘 되다.

反射	はんしゃ	반사
		鏡に光が反射する。 거울에 빛이 반사되다.

繁盛	はんじょう	번성, 번창
		あの店は繁盛している。 저 가게는 번창하고 있다.

繁殖	はんしょく	번식
		細菌が繁殖する。 세균이 번식하다.

伴奏	ばんそう	반주
		ピアノの伴奏に合わせて歌う。 피아노 반주에 맞추어 노래하다.

判定	はんてい	판정
		審査員が判定を行う。 심사원이 판정을 실시하다.

万人 ●ばんじん, まんにん	ばんにん	만인, 모든 사람
		それは万人が認める事実だ。 그것은 만인이 인정하는 사실이다.

晩年	ばんねん	만년, 노년, 늘그막
		幸福な晩年を過ごす。 행복한 노년을 보내다.

万能	ばんのう	**만능, 무엇이든 잘함** 彼はスポーツ万能だ。 그는 만능 스포츠맨이다.
反発	はんぱつ	**반발** 政府の決定に反発する。 정부의 결정에 반발하다.
判別	はんべつ	**판별, 식별, 구별** 色の違いを判別する。 색의 차이를 구별하다.
氾濫	はんらん	**범람** 大雨で川が氾濫する。 큰비로 강이 범람하다.
非	ひ	**잘못, 실수, 단점** 自分の非を認める。 자기 잘못을 인정하다.
ひいき		**편애, 편을 듦, 후원** 弟の方をひいきする。 동생 쪽을 편들다.
控え室	ひかえしつ	**대기실** 控え室で待機する。 대기실에서 대기하다.
悲観	ひかん	**비관** 将来を悲観する。 장래를 비관하다.
悲願	ひがん	**비원, 비장한 소원** 悲願の優勝を果たす。 비원의 우승을 이루다.
引き換え	ひきかえ	**교환, 맞바꿈** 代金と引き換えに品物を渡す。 대금과 교환하여 물건을 건네다.
悲劇	ひげき	**비극** 悲劇が起きる。 비극이 일어나다.
秘訣	ひけつ	**비결** 成功の秘訣を教える。 성공의 비결을 알려주다.
非行	ひこう	**비행, 잘못되거나 그릇된 행위, 부정행위** 非行に走る。 비행을 일삼다.

比重	ひじゅう	비중

きょういく ひ ひ じゅう たか
教育費の比重が高い。 교육비의 비중이 높다.

微笑	びしょう	미소

び しょう う
微笑を浮かべる。 미소를 띠다.

微生物	びせいぶつ	미생물

び せい ぶつ かん さつ
微生物を観察する。 미생물을 관찰하다.

左利き	ひだりきき	왼손잡이

ひだり き む しょう ひん か
左利き向けの商品を買う。 왼손잡이용 상품을 사다.

必修	ひっしゅう	필수, 필수 과목

ひっしゅう か もく り しゅう
必修科目を履修する。 필수 과목을 이수하다.

必然	ひつぜん	필연

こん かい しっ ぱい ひつ ぜん けっ か
今回の失敗は必然の結果である。
이번 실패는 필연적인 결과이다.

匹敵	ひってき	필적, 맞먹음

かれ じつりょく ひってき
彼の実力はプロに匹敵する。
그의 실력은 프로에 필적한다.

一息	ひといき	한숨 돌림, 짧은 휴식

ひと いき い
ここで一息入れましょう。
여기서 한숨 돌립시다.

人影	ひとかげ	사람의 그림자, 인적

よる ひと かげ
ここは夜になると人影はなくなる。
이곳은 밤이 되면 인적이 없어진다.

人柄	ひとがら	인품, 성품

ひと がら
人柄がいい。 인품이 좋다.

人気	ひとけ	인기척

ひと け かん ふ む
人気を感じて振り向く。 인기척을 느끼고 돌아보다.

人質	ひとじち	인질

ひと じち ぜん いん かい ほう
人質を全員解放する。 인질을 전원 풀어 주다.

一筋	ひとすじ	한 줄기, 한 가닥
		窓から一筋の光が差し込む。
		창으로 한 줄기 빛이 들어오다.

人手	ひとで	일손, 노동력
		人手不足に悩む。 일손 부족으로 고생하다.

人出	ひとで	인파(외출나온 사람들)
		祭りで人出が多い。 축제로 인파가 많다.

人波	ひとなみ	인파(이동하는 많은 사람들)
		人波が押し寄せる。 인파가 밀려오다.

避難	ひなん	피난
		地震の時は高台に避難する。
		지진 때는 고지대로 피난한다.

ひび		금
		花瓶にひびが入る。 꽃병에 금이 가다.

批評	ひひょう	비평
		作品を批評する。 작품을 비평하다.

悲鳴	ひめい	비명
		悲鳴を上げる。 비명을 지르다.

票	ひょう	표
		賛成に票を投じる。 찬성에 표를 던지다.

標語	ひょうご	표어
		新たな標語を募集する。 새로운 표어를 모집하다.

拍子	ひょうし	박자, 장단
		手をたたいて拍子を取る。 손뼉을 쳐서 장단을 맞추다.

描写	びょうしゃ	묘사
		登場人物の心理を描写する。
		등장인물의 심리를 묘사하다.

表明	ひょうめい	표명

抗議の意を表明する。 항의의 뜻을 표명하다.

非力	ひりき	무력함, 무능함

●ひりょく

自分の非力を痛感する。 자신의 무력함을 통감하다.

肥料	ひりょう	비료

野菜に肥料を与える。 채소에 비료를 주다.

微量	びりょう	미량, 아주 적은 양

微量の有害成分が検出される。
미량의 유해 성분이 검출되다.

昼下がり	ひるさがり	낮, 오후

昼下がりにうたた寝をする。 오후에 깜빡 잠이 들다.

披露	ひろう	피로, 공개, 널리 알림

新製品を披露する。 신제품을 공개하다.

品質	ひんしつ	품질

品質を改良する。 품질을 개량하다.

品種	ひんしゅ	품종

この品種は寒さに強い。 이 품종은 추위에 강하다.

頻度	ひんど	빈도

この単語は使用頻度が高い。
이 단어는 사용 빈도가 높다.

貧富	ひんぷ	빈부

貧富の差が広がる。 빈부의 차가 벌어지다.

不意	ふい	갑작스러움, 의외임

不意の来客に慌てる。 갑작스런 손님의 방문에 당황하다.

吹聴	ふいちょう	말을 퍼뜨림, 소문을 냄

自慢話を吹聴して回る。 자기 자랑을 퍼뜨리고 다니다.

封鎖	ふうさ	봉쇄
		道路を封鎖する。　도로를 봉쇄하다.

風習	ふうしゅう	풍습, 관습, 관례
		昔からの風習を守る。　옛 풍습을 지키다.

風潮	ふうちょう	풍조
		人を見た目で判断する風潮を批判する。 사람을 겉모습으로 판단하는 풍조를 비판하다.

風土	ふうど	풍토
		日本の風土に慣れる。　일본의 풍토에 익숙해지다.

不朽	ふきゅう	불후, 불멸
		不朽の名作を残す。　불후의 명작을 남기다.

不況 ● 好況 호황	ふきょう	불황
		不況で生活が苦しくなる。　불황으로 생활이 힘들어지다.

布巾	ふきん	행주
		布巾でテーブルを拭く。　행주로 테이블을 닦다.

複合	ふくごう	복합
		新しい複合施設がオープンする。 새로운 복합 시설이 문을 열다.

覆面	ふくめん	복면
		覆面をした強盗が侵入する。 복면을 한 강도가 침입하다.

不景気 ● 好景気 호경기	ふけいき	불경기
		不景気で売上が落ち込む。　불경기로 매출이 떨어지다.

富豪	ふごう	부호, 재산가
		富豪になる夢を見る。　부호가 되는 꿈을 꾸다.

布告	ふこく	포고, 선포
		宣戦布告なしに攻撃する。　선전 포고 없이 공격하다.

負債	ふさい	부채, 채무, 빚

多額の負債を抱える。 고액의 부채를 떠안다.

扶助	ふじょ	부조, 보조, 원조, 구호

生活困窮者を扶助する。 생활이 곤궁한 사람을 부조하다.

負傷	ふしょう	부상, 상처를 입음
⊜けが		

試合で負傷する。 시합에서 부상을 입다.

侮辱	ぶじょく	모욕

侮辱を受ける。 모욕을 당하다.

不振	ふしん	부진

業績が不振だ。 실적이 부진하다.

武装	ぶそう	무장

武装して警備を行う。 무장하고 경비하다.

復活	ふっかつ	부활

昔からの伝統が復活する。 옛 전통이 부활하다.

物議	ぶつぎ	물의

大臣の発言が物議を醸す。 장관의 발언이 물의를 빚다.

復旧	ふっきゅう	복구

鉄道の復旧を急ぐ。 철도의 복구를 서두르다.

復興	ふっこう	부흥, 재건

被災地の復興を願う。 재해 지역의 부흥을 바라다.

物資	ぶっし	물자, 자원

救援物資が届く。 구호물자가 도착하다.

払拭	ふっしょく	불식, 완전히 없앰

不信感を払拭する。 불신감을 불식하다.

不手際	ふてぎわ	실수, 서툰 일처리, 불찰

不手際を謝罪する。 실수를 사죄하다.

赴任	ふにん	부임
		海外支社に赴任する。 해외 지사에 부임하다.

腐敗	ふはい	부패, 상함
		政治の腐敗を嘆く。 정치의 부패를 개탄하다.

不備	ふび	미비
● 完備 완비		消防設備の不備を指摘する。 소방 설비의 미비를 지적하다.

不評	ふひょう	악평, 평판이 나쁨
● 好評 호평		顧客から不評を買う。 고객으로부터 평판이 좋지 않다.

不服	ふふく	불복, 납득이 가지 않음, 불만족
		命令に不服を唱える。 명령에 불복하다.

普遍	ふへん	보편
		人類普遍の価値を守る。 인류의 보편적인 가치를 지키다.

扶養	ふよう	부양
		高齢の親を扶養する。 고령의 부모를 부양하다.

ふり		~하는 체, ~하는 척
		知らぬふりをする。 모른 체하다.

振り出し	ふりだし	원점, 출발점
		計画が振り出しに戻る。 계획이 원점으로 돌아가다.

不慮	ふりょ	불의, 의외, 뜻밖
		不慮の事故に遭う。 불의의 사고를 당하다.

浮力	ふりょく	부력
		水の中では浮力が働く。 물속에서는 부력이 작용한다.

振る舞い	ふるまい	행동, 거동, 태도
		品格のある振る舞いをする。 품격 있는 행동을 하다.

付録	ふろく	부록
		雑誌に付録を付ける。 잡지에 부록을 붙이다.

憤慨	ふんがい	분개 無礼な態度に憤慨する。 무례한 태도에 분개하다.
紛糾	ふんきゅう	분규, 분란, 혼란 事態の紛糾を防ぐ。 사태의 분란을 막다.
文献	ぶんけん	문헌, 문서 参考文献を調べる。 참고 문헌을 조사하다.
分際	ぶんざい	신분의 정도, 분수, 주제 分際をわきまえる。 분수를 알다.
分散	ぶんさん	분산 資金を分散して投資する。 자금을 분산하여 투자하다.
紛失	ふんしつ	분실, 잃어버림 書類を紛失する。 서류를 분실하다.
噴出	ふんしゅつ	분출, 내뿜음 溶岩が噴出する。 용암이 분출하다.
紛争	ふんそう	분쟁 話し合いで紛争を解決する。 의논으로 분쟁을 해결하다.
分担	ぶんたん	분담 仕事を分担する。 일을 분담하다.
奮闘	ふんとう	분투, 분전, 힘껏 싸움, 힘껏 노력함 問題解決のために奮闘する。 문제 해결을 위해 분투하다.
粉末 ⊜粉 こな	ふんまつ	분말, 가루 薬を粉末にする。 약을 분말로 만들다.
分裂	ぶんれつ	분열 組織が分裂する。 조직이 분열되다.

兵器	へいき	병기, 무기
		大量破壊兵器を保有する。 대량살상무기를 보유하다.

並行	へいこう	병행
		二つの議案を並行して審議する。 두 개의 의안을 병행하여 심의하다.

閉口	へいこう	① 질림, 두 손 듦
		今年の暑さには閉口した。 올해 더위에는 두 손 들었다.
		② 함구, 입을 꾹 다묾
		閉口したまま何も言わない。 입을 꾹 다문 채 아무 말도 하지 않는다.

閉鎖	へいさ	폐쇄
		工場を閉鎖する。 공장을 폐쇄하다.

平常 ⊖普段	へいじょう	평상, 평소
		平常どおり営業する。 평소대로 영업하다.

平静	へいせい	평정, 평온
		平静を取り戻す。 평정을 되찾다.

辟易	へきえき	① 기가 죽음
		怒鳴り声に辟易してしまった。 호통 소리에 기가 죽어 버렸다.
		② 질림, 두 손 듦
		退屈な長話に辟易する。 따분한 긴 이야기에 질려버리다.

弁解	べんかい	변명
		弁解の余地がない。 변명의 여지가 없다.

変革	へんかく	변혁, 개혁
		社会を変革する。 사회를 변혁하다.

返還	へんかん	반환, 돌려줌, 되돌아감
		敷金を返還する。 보증금을 반환하다.

便宜	べんぎ	편의, 편리
		利用者の便宜を図る。 이용자의 편의를 도모하다.

返金	へんきん	돈을 갚음, 변제
		返金の催促をする。 돈을 갚으라고 재촉하다.

変形	へんけい	변형
		プラスチック容器が熱で変形する。
		플라스틱 용기가 열로 변형되다.

偏見	へんけん	편견
		偏見を持つ。 편견을 가지다.

返済	へんさい	변제, 갚음, 상환
		借金を返済する。 빚을 갚다.

返上	へんじょう	반납
		休日を返上して働く。 휴일을 반납하고 일하다.

弁償	べんしょう	변상
		過失を弁償する。 과실을 변상하다.

変遷	へんせん	변천
		時代の変遷を感じる。 시대의 변천을 느끼다.

変容	へんよう	변용, 변모
		市街地の景観が変容する。 시가지의 경관이 변모하다.

防衛	ぼうえい	방위, 방어
		国土を防衛する。 국토를 방위하다.

崩壊	ほうかい	붕괴
		地震で建物が崩壊する。 지진으로 건물이 붕괴되다.

妨害	ぼうがい	방해
		会議の進行を妨害する。 회의의 진행을 방해하다.

放棄	ほうき	방기, 포기
		特権を放棄する。 특권을 포기하다.

忘却	ぼうきゃく	망각, 잊어버림

学習した知識を忘却する。 학습한 지식을 잊어버리다.

方策	ほうさく	방책, 책략, 수단, 방법

問題解決の方策を探る。 문제 해결의 방책을 찾다.

奉仕	ほうし	봉사

社会奉仕を行う。 사회봉사를 하다.

放射能	ほうしゃのう	방사능

放射能汚染が広がる。 방사능 오염이 확산되다.

報酬	ほうしゅう	보수, 대가

働いて報酬を得る。 일을 하여 보수를 받다.

紡績	ぼうせき	방적, 실을 만듦

この地域には紡績工場が多い。
이 지역에는 방적 공장이 많다.

膨張	ぼうちょう	팽창

都市が膨張する。 도시가 팽창하다.

法廷	ほうてい	법정

特許問題で法廷で争う。 특허 문제로 법정에서 다투다.

冒頭	ぼうとう	서두, 모두, 첫머리

冒頭に会議の目的を伝える。
서두에 회의의 목적을 전하다.

暴動	ぼうどう	폭동

暴動が発生する。 폭동이 발생하다.

褒美	ほうび	상, 포상

成績が上がって、ご褒美をもらう。
성적이 올라서 포상을 받다.

抱負	ほうふ	포부

抱負を語る。 포부를 말하다.

暴風	ぼうふう	폭풍
⊜嵐 (あらし)		暴風で飛行機が飛べない。 폭풍으로 비행기가 날 수 없다.

飽和	ほうわ	포화, 가득 참
		市場が飽和状態だ。　시장이 포화 상태이다.

捕獲	ほかく	포획
		野生動物を捕獲する。　야생 동물을 포획하다.

保管	ほかん	보관
		美術品を保管する。　미술품을 보관하다.

補給	ほきゅう	보급
		燃料を補給する。　연료를 보급하다.

補強	ほきょう	보강
		チームの戦力を補強する。　팀의 전력을 보강하다.

募金	ぼきん	모금
		街頭で募金する。　길거리에서 모금하다.

保険	ほけん	보험
		保険に加入する。　보험에 가입하다.

保護	ほご	보호
		環境を保護する。　환경을 보호하다.

補充	ほじゅう	보충
		人員を補充する。　인원을 보충하다.

補助	ほじょ	보조
➕補助金 (ほじょきん) 보조금		学費の補助を受ける。　학비 보조를 받다.

補償	ほしょう	보상, 배상
		損害を補償する。　손해를 보상하다.

保障	ほしょう	보장
		安全を保障する。　안전을 보장하다.

舗装	ほそう	(도로)포장 道路の舗装工事を行う。 도로포장 공사를 하다.
墓地	ぼち	묘지 遺骨を墓地に埋葬する。 유골을 묘지에 매장하다.
発作	ほっさ	발작 心臓発作で倒れる。 심장 발작으로 쓰러지다.
没収	ぼっしゅう	몰수 不法所得を没収する。 불법 소득을 몰수하다.
発足	ほっそく	발족 新しい組織が発足する。 새로운 조직이 발족하다.
発端	ほったん	발단 事件の発端は口論だった。 사건의 발단은 말다툼이었다.
没頭	ぼっとう	몰두 仕事に没頭する。 일에 몰두하다.
没落	ぼつらく	몰락 若者に投資しない社会は没落する。 젊은이에게 투자하지 않는 사회는 몰락한다.
補填	ほてん	보전, 부족한 부분을 채움 保険で損失を補填する。 보험으로 손실을 보전하다.
畔	ほとり	부근, 근처, 가장자리 川の畔を歩く。 강가를 걷다.
捕虜	ほりょ	포로 敵兵を捕虜にする。 적병을 포로로 잡다.
本質	ほんしつ	본질 問題の本質を明確にする。 문제의 본질을 명확하게 하다.
本筋	ほんすじ	본론 話が本筋に入る。 이야기가 본론에 들어가다.

本音	ほんね	본심
⊖ 建前 (표면상) 주장		本音を隠す。 본심을 감추다.

本能	ほんのう	본능
		本能が働く。 본능이 작용하다.

本場	ほんば	본고장, 주산지
		本場の料理を楽しむ。 본고장의 요리를 즐기다.

本番	ほんばん	실전, 본식, 본방송
		発表会の本番を迎える。 본발표회를 맞이하다.

本末転倒	ほんまつてんとう	본말 전도
		無理な運動で怪我するとは、本末転倒だ。 무리한 운동으로 다치다니 본말이 전도된 것이다.

埋蔵	まいぞう	매장, 땅에 묻음, 묻혀 있음
		大量の石油が埋蔵されている。 대량의 석유가 매장되어 있다.

前売り	まえうり	예매
		チケットを前売りする。 티켓을 예매하다.

前置き	まえおき	서론
		前置きが長い。 서론이 길다.

真心	まごころ	진심, 정성, 성의
		真心を込めて料理を作る。 정성을 담아 요리를 만들다.

麻酔	ますい	마취
		手術の前に全身麻酔をかける。 수술 전에 전신 마취를 하다.

まちまち		가지각색, 제각각
⊖ さまざま		意見がまちまちだ。 의견이 제각각이다.

末	まつ	끝, 말
⊖ 終わり		年度末に挨拶のメールを送る。 연도 말에 인사 메일을 보내다.

目の当たり ● 目先（めさき）	まのあたり	**바로 눈앞, 목전** 事故（じこ）の惨状（さんじょう）を目（め）の当（あ）たりにする。 사고의 참상을 바로 눈앞에서 보다.
麻痺	まひ	**마비** 雪（ゆき）で交通（こうつう）が麻痺（まひ）する。 눈으로 교통이 마비되다.
幻	まぼろし	**환상, 환영** 幻（まぼろし）のように美（うつく）しい風景（ふうけい）が広（ひろ）がる。 환상처럼 아름다운 풍경이 펼쳐지다.
蔓延	まんえん	**만연, 널리 퍼짐** 暴力（ぼうりょく）が蔓延（まんえん）する。 폭력이 만연하다.
満喫	まんきつ	**만끽, 마음껏 즐김** 休暇（きゅうか）を満喫（まんきつ）する。 휴가를 만끽하다.
満月	まんげつ	**만월, 보름달** 空（そら）に満月（まんげつ）が浮（う）かぶ。 하늘에 보름달이 뜨다.
満載	まんさい	**가득 실음, 많이 게재함** トラックに荷物（にもつ）を満載（まんさい）する。 트럭에 짐을 가득 싣다.
満場	まんじょう	**만장, 그 장소에 있는 모든 사람** 満場（まんじょう）の拍手（はくしゅ）を浴（あ）びる。 만장의 박수를 받다.
慢性 ● 急性（きゅうせい） 급성	まんせい	**만성** 鼻炎（びえん）が慢性（まんせい）になる。 비염이 만성이 되다.
見返り	みかえり	**보답, 보상** 援助（えんじょ）の見返（みかえ）りを要求（ようきゅう）する。 원조의 보답을 요구하다.
味覚	みかく	**미각** 味覚（みかく）は変（か）わるものだ。 미각은 변하기 마련이다.
幹	みき	**줄기, 줄거리, 골자** この木（き）は幹（みき）が太（ふと）い。 이 나무는 줄기가 굵다.

111

見込み	みこみ	① 전망, 예상

① 전망, 예상

工事は月末に完成する見込みだ。
공사는 월말에 완성될 전망이다.

② 장래성, 가능성

見込みのある人材を発掘する。
장래성이 있는 인재를 발굴하다.

見た目	みため

외형, 외관, 겉모습

見た目を気にする。 겉모습에 신경을 쓰다.

未知	みち

미지

未知の領域に踏み込む。 미지의 영역에 발을 들여놓다.

道筋	みちすじ

경로, 코스

郵便局は駅に行く道筋にある。
우체국은 역으로 가는 경로에 있다.

道端	みちばた

길가, 도로변

道端に花が咲いている。 길가에 꽃이 피어 있다.

密集	みっしゅう

밀집

ここは工場が密集している。
이곳은 공장이 밀집해 있다.

密封	みっぷう

밀봉

薬品を密封して保存する。 약품을 밀봉하여 보관하다.

密輸	みつゆ

밀수, 밀무역

密輸を防ぐ。 밀수를 막다.

未定	みてい

미정

旅行の日程は未定だ。 여행 일정은 미정이다.

見通し	みとおし

① 전망, 예상

将来の見通しが立たない。
장래의 전망이 서지 않는다.

② 한눈에 보임, 확 트인 상태

この交差点は見通しが悪い。
이 교차로는 한눈에 잘 보이지 않는다.

源	みなもと	근원, 기원 文明の源を探る。 문명의 근원을 찾다.
峰	みね	봉우리, 산 정상 山の峰が連なる。 산봉우리가 이어지다.
身の上	みのうえ	신상, 처지, 신세 彼は身の上話を始めた。 그는 신상 이야기를 시작했다.
身の回り	みのまわり	신변, 소지품 身の回りを整理する。 신변을 정리하다.
見晴らし	みはらし	전망, 조망 丘の上は見晴らしがいい。 언덕 위는 전망이 좋다.
身振り手振り	みぶりてぶり	손짓발짓 身振り手振りで説明する。 손짓발짓으로 설명하다.
脈絡	みゃくらく	맥락, 조리 話に脈絡がない。 이야기에 맥락이 없다.
魅力	みりょく	매력 店の雰囲気に魅力を感じる。 가게 분위기에 매력을 느끼다.
未練	みれん	미련 今の仕事に未練はない。 지금 하는 일에 미련은 없다.
民宿	みんしゅく	민박, 민박집 海沿いの民宿に泊まる。 바닷가 민박집에 묵다.
民族	みんぞく	민족 少数民族の文化を学ぶ。 소수 민족의 문화를 배우다.
無為	むい	무위, 아무것도 하지 않음 無為に過ごす。 아무것도 하지 않고 지내다.

無意識	むいしき	무의식 無意識のうちに相手を傷つける。 무의식 중에 상대방에게 상처를 주다.
無言	むごん	무언, 침묵, 말이 없음 二人は無言で見つめ合った。 두 사람은 말없이 서로를 바라보았다.
無償	むしょう	무상, 무료 無償で奉仕する。 무상으로 봉사하다.
無断	むだん	무단 無断で欠席する。 무단으로 결석하다.
無知	むち	무지 自分の無知に気づく。 자신의 무지를 깨닫다.
無念	むねん	원통함, 분함 無念の涙を流す。 원통한 눈물을 흘리다.
無理強い	むりじい	강요, 강제, 억지로 권함 無理強いはよくない。 강제하는 것은 좋지 않다.
明暗	めいあん	명암 この絵は明暗がはっきりしている。 이 그림은 명암이 뚜렷하다.
命中	めいちゅう	명중, 적중 弾丸が的に命中する。 탄환이 과녁에 명중하다.
名簿	めいぼ	명부 出席者の名簿を作る。 출석자의 명부를 작성하다.
名誉	めいよ	명예 名誉ある賞を受ける。 명예로운 상을 받다.
恵み	めぐみ	은혜, 은총, 축복 自然の恵みに感謝する。 자연의 은혜에 감사하다.

目先 ⊖ 目の当たり	めさき	바로 눈앞, 목전 目先の利益にとらわれる。 눈앞의 이익에 사로잡히다.
滅亡	めつぼう	멸망 国家が滅亡する。 국가가 멸망하다.
目鼻 ⊖ 目鼻立ち	めはな	① 이목구비 彼は目鼻が整っている。 그는 이목구비가 뚜렷하다. ② 윤곽 やっと仕事に目鼻がつく。 마침내 일에 윤곽이 잡히다.
目盛り	めもり	눈금 体重計の目盛りを読む。 체중계의 눈금을 읽다.
目安	めやす	기준, 목표 費用の目安を立てる。 비용의 기준을 정하다.
免疫 ➕ 免疫力 면역력	めんえき	면역, 익숙함 免疫を高める生活をする。 면역을 높이는 생활을 하다.
面識	めんしき	면식, 안면 彼とは面識がない。 그와는 면식이 없다.
免除	めんじょ	면제 試験を免除する。 시험을 면제하다.
面目 ⊖ めんもく	めんぼく	면목, 체면 面目を保つ。 체면을 차리다.
盲点	もうてん	맹점, 허점 計画に盲点がある。 계획에 맹점이 있다.
猛反対	もうはんたい	맹렬한 반대 多くの人が猛反対した。 많은 사람들이 맹렬히 반대했다.
網羅	もうら	망라, 널리 받아들여 모두 포함함 情報を網羅する。 정보를 망라하다.

目録	もくろく	목록, 목차

図書の目録を調べる。 도서 목록을 조사하다.

目論見	もくろみ	계획, 의도

彼の目論見は外れた。 그의 계획은 빗나갔다.

模型	もけい	모형

飛行機の模型を作る。 비행기 모형을 만들다.

模索	もさく	모색

解決策を模索する。 해결책을 모색하다.

持ち切り	もちきり	화제가 지속됨, 소문이 자자함

町中は選挙の話で持ち切りだ。

온 동네는 선거 이야기로 소문이 자자하다.

模倣	もほう	모방

子供は親の行動を模倣する。

아이는 부모의 행동을 모방한다.

役員	やくいん	임원, 간부, 중역

彼は会社の役員だ。 그는 회사의 임원이다.

躍進	やくしん	약진

目覚ましい躍進を遂げる。 눈부신 약진을 이루다.

屋敷	やしき	저택

この地域は大きな屋敷が多い。

이 지역은 큰 저택이 많다.

野心	やしん	야심, 야망

大統領になる野心を抱く。 대통령이 될 야심을 품다.

野党	やとう	야당
● 与党 여당		

野党が反対する。 야당이 반대하다.

闇	やみ	어둠

事件の真相は闇に葬られた。

사건의 진상은 어둠에 묻혔다.

由緒	ゆいしょ	유서, 내력 由緒ある寺を訪問する。 유서 깊은 절을 방문하다.
優位	ゆうい	우위 交渉で優位に立つ。 교섭에서 우위에 서다.
優越	ゆうえつ	우월, 우수하고 뛰어남 他社より技術面で優越している。 타사보다 기술면에서 우월하다.
誘拐 ➕誘拐犯 유괴범	ゆうかい	유괴 子供を誘拐する。 아이를 유괴하다.
有機	ゆうき	유기 有機農業で作物を栽培する。 유기 농업으로 작물을 재배하다.
友好	ゆうこう	우호 友好関係を築く。 우호 관계를 구축하다.
融資	ゆうし	융자 銀行から融資を受ける。 은행에서 융자를 받다.
有数	ゆうすう	유수, 손꼽음, 굴지 日本は世界有数の漁業国だ。 일본은 세계 유수의 어업국이다.
融通	ゆうずう	융통 資金を融通する。 자금을 융통하다.
遊説	ゆうぜい	유세 候補者が街頭で遊説する。 후보자가 길거리에서 유세하다.
優先	ゆうせん	우선 安全を優先する。 안전을 우선하다.
誘致	ゆうち	유치, 적극적으로 불러들임 企業を誘致する。 기업을 유치하다.

誘導	ゆうどう	유도, 이끎 参加者を会場へ誘導する。 참가자를 모임 장소로 이끌다.
夕闇	ゆうやみ	땅거미, 해질녘의 어둠 夕闇が迫る。 땅거미가 지다.
憂慮	ゆうりょ	우려, 근심, 걱정 事態を憂慮する。 사태를 우려하다.
幽霊	ゆうれい	유령 幽霊が出るという噂が流れる。 유령이 나온다는 소문이 돌다.
誘惑	ゆうわく	유혹 誘惑に負ける。 유혹에 넘어가다.
ゆとり		여유 経済的なゆとりがない。 경제적인 여유가 없다.
様式	ようしき	양식, 형식 伝統的な様式を守る。 전통적인 양식을 지키다.
養成	ようせい	양성 人材を養成する。 인재를 양성하다.
要請	ようせい	요청 支援を要請する。 지원을 요청하다.
様相 ⊜姿	ようそう	양상, 모습 地震の被害で町の様相が一変する。 지진의 피해로 마을의 모습이 완전히 달라지다.
洋風	ようふう	서양식, 서양풍 洋風の建物が立ち並ぶ。 서양식 건물이 늘어서다.
要望	ようぼう	요망, 바람 市民の要望に対応する。 시민의 바람에 대응하다.

| 余暇 | よか | 여가, 틈, 짬 |
| | | 余暇を楽しむ。 여가를 즐기다. |

| 抑制 | よくせい | 억제 |
| | | 感情を抑制する。 감정을 억제하다. |

| 予言 | よげん | 예언 |
| | | 大災害を予言する。 큰 재해를 예언하다. |

| 横綱 | よこづな | 요코즈나, 스모(일본 씨름)의 최고 지위 |
| | | 横綱の地位に上がる。 요코즈나의 지위에 오르다. |

| 善し悪し ⊜よしわるし | よしあし | 선악, 옳고 그름, 좋고 나쁨 |
| | | 計画の善し悪しを判断する。 계획의 옳고 그름을 판단하다. |

| 予断 | よだん | 예단, 예측 |
| | | 予断を許さない状況が続く。 예측을 불허하는 상황이 계속되다. |

| 余地 | よち | 여지 |
| | | 改善の余地がある。 개선의 여지가 있다. |

| 余波 | よは | 여파 |
| | | 事件の余波が続く。 사건의 여파가 이어지다. |

| 余白 | よはく | 여백, 공백 |
| | | 本の余白に書き込みをする。 책의 여백에 메모하다. |

| 夜更かし | よふかし | 밤늦게까지 깨어 있음 |
| | | 夜更かしは体に良くない。 밤늦게까지 깨어 있는 것은 몸에 좋지 않다. |

| 弱火 ⊜強火 센불 | よわび | 약불, 약한 불 |
| | | 弱火で焼く。 약한 불에서 굽다. |

| 落胆 | らくたん | 낙담 |
| | | 落胆して肩を落とす。 낙담하여 어깨를 떨구다. |

酪農	らくのう	낙농

北海道で酪農に携わる。 홋카이도에서 낙농에 종사하다.

落下	らっか	낙하

看板が道路に落下する。 간판이 도로에 낙하하다.

濫用	らんよう	남용

薬の濫用は危険だ。 약의 남용은 위험하다.

理屈	りくつ	도리, 이치

理屈が通らない。 이치에 맞지 않는다.

利潤	りじゅん	이윤, 이익

高い利潤を得る。 높은 이윤을 얻다.

利息	りそく	이자

利息を支払う。 이자를 지불하다.

離着陸	りちゃくりく	이착륙

飛行機が離着陸する。 비행기가 이착륙하다.

立案	りつあん	입안

新しい企画を立案する。 새로운 기획을 입안하다.

立腹	りっぷく	화를 냄, 역정을 냄

失敬な質問に立腹する。 무례한 질문에 화를 내다.

立法	りっぽう	입법

国会で法律を立法する。 국회에서 법률을 입법하다.

略奪	りゃくだつ	약탈, 강탈

宝石を略奪する。 보석을 약탈하다.

流儀	りゅうぎ	관례, 독특한 방식

師匠の流儀を受け継ぐ。 스승의 방식을 이어받다.

流出	りゅうしゅつ	유출

情報が流出する。 정보가 유출되다.

領域	りょういき	영역
		新しい領域を開拓する。 새로운 영역을 개척하다.
了解	りょうかい	이해, 양해, 승낙
		相手の事情を了解する。 상대방의 사정을 이해하다.
了承	りょうしょう	승낙, 양해
		委員会で計画を了承する。 위원회에서 계획을 승낙하다.
領土	りょうど	영토, 영지
		領土の保全を図る。 영토의 보전을 도모하다.
履歴 ⊕履歴書 이력서	りれき	이력, 경력
		履歴を正確に記録する。 이력을 정확하게 기록하다.
隣接	りんせつ	인접, 이웃함
		隣接する二つの村が合併する。 인접한 두 마을이 합병하다.
倫理	りんり	윤리, 도덕
		研究の倫理を守る。 연구 윤리를 지키다.
類似	るいじ	유사
		二つの事例は類似している。 두 사례는 유사하다.
類推	るいすい	유추, 추측
		過去の事例から類推する。 과거의 사례로 유추하다.
冷却	れいきゃく	냉각, 식음, 차가워짐
		エンジンを冷却する。 엔진을 냉각하다.
冷遇	れいぐう	냉대, 푸대접
		社会から冷遇される。 사회로부터 냉대를 받다.
例年	れいねん	예년, 매년
		今年は例年より雨が少ない。 올해는 예년보다 비가 적다.

連携	れんけい	연계, 제휴

他部署と連携する。　다른 부서와 연계하다.

連帯	れんたい	연대

債務を連帯で保証する。　채무를 연대로 보증하다.

連中	れんちゅう	무리, 패거리
⊜ れんじゅう

悪い連中と交わる。　나쁜 패거리와 어울리다.

連邦	れんぽう	연방
➕ 連邦制 연방제

連邦の法律を適用する。　연방 법률을 적용하다.

連盟	れんめい	연맹

スポーツ連盟に加盟する。　스포츠 연맹에 가입하다.

老朽化	ろうきゅうか	노후화

設備の老朽化が進む。　설비의 노후화가 진행되다.

老衰	ろうすい	노쇠

老衰で亡くなる。　노쇠하여 사망하다.

朗読	ろうどく	낭독

詩を朗読する。　시를 낭독하다.

浪費	ろうひ	낭비

資源を浪費する。　자원을 낭비하다.

朗報	ろうほう	낭보, 희소식
⊜ 悲報 비보

大会優勝の朗報が届く。　대회 우승의 희소식이 도착하다.

論理	ろんり	논리

論理を無視する。　논리를 무시하다.

賄賂	わいろ	뇌물

賄賂を贈る。　뇌물을 주다.

和解	わかい	화해

紛争が和解に向かう。　분쟁이 화해로 향하다.

若手	わかて	젊은이, 젊은 층
		若手社員が活躍する。 젊은 사원이 활약하다.

枠	わく	테두리, 틀, 범위, 한계
		予算の枠を超える。 예산의 범위를 넘다.

惑星	わくせい	혹성, 행성
		地球は水の惑星と言われる。
		지구는 물의 행성이라고 불린다.

若人	わこうど	젊은이, 청년
		ここは若者に人気がある。
		이곳은 젊은이들에게 인기가 있다.

技	わざ	기술, 솜씨
		技を磨く。 기술을 연마하다.

和風	わふう	일본식, 일본풍
		和風の家を建てる。 일본풍의 집을 짓다.

접두어

誤~	ご~	오(잘못)~ ▶ 誤作動 오작동　誤操作 잘못 조작함　誤認識 오인식(잘못된 인식)
当~	とう~	당~ ▶ 当案件 당 안건　当社 당사　当ホテル 당 호텔
不~	ふ~	불/부~ ▶ 不一致 불일치　不可欠 불가결　不必要 불필요　不平等 불평등
無~	む~	무~ ▶ 無意識 무의식　無意味 무의미　無計画 무계획
猛~	もう~	맹(맹렬함)~ ▶ 猛攻撃 맹공격　猛追撃 맹추격　猛反対 맹렬한 반대

접미어

~化	~か	~화 ▶ 高齢化 고령화　電子化 전자화　都市化 도시화
~圏	~けん	~권 ▶ 英語圏 영어권　首都圏 수도권　大気圏 대기권
~上	~じょう	~상 ▶ 業務上 업무상　契約上 계약상　歴史上 역사상
~派	~は	~파 ▶ 改革派 개혁파　賛成派 찬성파　反対派 반대파
~版	~ばん	~판 ▶ 海賊版 해적판　改訂版 개정판　決定版 결정판
~ぶり		~모습, ~상태 ▶ 仕事ぶり 일하는 모습(업무 태도나 능력)　繁盛ぶり 번창하는 모습　奮闘ぶり 분투하는 모습
~まみれ		~투성이 ▶ 汗まみれ 땀투성이　泥まみれ 진흙투성이　ほこりまみれ 먼지투성이
~網	~もう	~망 ▶ 交通網 교통망　情報網 정보망　通信網 통신망

124

明かす	あかす	밝히다, 털어놓다 秘密を明かす。 비밀을 밝히다.
欺く ●だます	あざむく	속이다 人を欺く。 사람을 속이다.
あざ笑う	あざわらう	비웃다 人の失敗をあざ笑う。 다른 사람의 실수를 비웃다.
褪せる	あせる	바래다, 퇴색하다 色が褪せる。 색이 바래다.
値する	あたいする	가치가 있다, ～할 만하다 彼の努力は尊敬に値する。 그의 노력은 존경할 만하다.
誂える	あつらえる	주문하다, 맞추다 背広を誂える。 신사복을 주문하다.
当てはめる	あてはめる	맞추다, 적용시키다 校則に当てはめて処分する。 교칙을 적용하여 처분하다.
侮る	あなどる	깔보다, 업신여기다 相手を侮ってはいけない。 상대를 우습게 봐서는 안 된다.
甘える	あまえる	응석을 부리다 子供が親に甘える。 아이가 부모에게 응석을 부리다.
操る	あやつる	조종하다, 조작하다, 다루다 巧みにハンドルを操る。 능숙하게 핸들을 조종하다.
危ぶむ	あやぶむ	걱정하다 経済の先行きが危ぶまれる。 앞으로의 경제가 걱정된다.

ありふれる		흔하다, 흔히 있다
		ありふれた風景を写真に収める。 흔한 풍경을 사진에 담다.
案じる	あんじる	걱정하다, 염려하다
		病状を案じて見舞いに行く。 병세를 염려하여 문병하러 가다.
言い放つ	いいはなつ	단언하다, 공언하다, 분명하게 말하다
		絶対に勝ってみせると言い放つ。 반드시 이기고 말겠다고 단언하다.
言い張る	いいはる	주장하다, 우기다
		自分が正しいと言い張る。 자신이 맞다고 우기다.
言い渡す	いいわたす	지시하다, 선고하다
		裁判官は判決を言い渡した。 재판관은 판결을 선고했다.
意気込む	いきごむ	분발하다, 의욕을 보이다
		今度こそ成功させようと意気込む。 이번에야말로 성공시키겠다고 의욕을 보이다.
憤る	いきどおる	분노하다, 분개하다
		上司の無責任な態度に憤る。 상사의 무책임한 태도에 분노하다.
いじる		만지작거리다
		彼女は前髪をいじる癖がある。 그녀는 앞머리를 만지작거리는 버릇이 있다.
急がす	いそがす	재촉하다
		作品の完成を急がす。 작품의 완성을 재촉하다.
傷める	いためる	손상시키다, 상하게 하다
		果物を傷めないよう丁寧に扱う。 과일이 상하지 않도록 조심스럽게 다루다.
いたわる		돌보다, 노고를 위로하다
		社員の労をいたわり、ボーナスを出す。 사원의 노고를 위로하여 보너스를 주다.

営む	いとなむ	경영하다, 영위하다

定年後は喫茶店を営むつもりだ。
정년퇴직 후에는 찻집을 경영할 생각이다.

挑む	いどむ	도전하다

マラソンの世界記録に挑む。
마라톤 세계 기록에 도전하다.

否む	いなむ	부정하다, 부인하다, 거절하다

それは否むことのできない事実だ。
그것은 부정할 수 없는 사실이다.

戒める	いましめる	훈계하다, 징계하다, 금지하다

無断欠勤を戒める。 무단결근을 징계하다.

忌み嫌う	いみきらう	피하다, 꺼리다, 따돌리다

みんなから忌み嫌われる。 모두로부터 따돌림을 받다.

癒す	いやす	치유하다, 달래다, (피로 등을) 풀다

疲れを癒す。 피로를 풀다.

浮かれる	うかれる	들뜨다, 신나다

久しぶりのデートに浮かれている。
오랜만의 데이트에 들떠있다.

請け負う	うけおう	맡다, 청부하다

住宅の建築を請け負う。 주택 건축을 청부하다.

受け継ぐ	うけつぐ	잇다, 계승하다

伝統を受け継ぐ。 전통을 계승하다.

受け止める	うけとめる	받아들이다

批判をまじめに受け止める。
비판을 진지하게 받아들이다.

受け流す	うけながす	받아넘기다

記者の質問を巧みに受け流す。
기자의 질문을 능숙하게 받아넘기다.

受け持つ	うけもつ	맡다, 담당하다, 담임하다

一年生を受け持つ。 1학년을 담임하다.

打ち明ける	うちあける	털어놓다

悩みを打ち明ける。 고민을 털어놓다.

打ち切る	うちきる	중지하다

交渉を打ち切る。 교섭을 중지하다.

打ち込む	うちこむ	① 입력하다

データを打ち込む。 데이터를 입력하다.

② 몰두하다, 집중하다

古典の研究に打ち込む。 고전 연구에 몰두하다.

訴える	うったえる	호소하다, 소송하다

世論に訴える。 여론에 호소하다.

促す	うながす	재촉하다

発言を促してもだれもしゃべらない。
발언을 재촉해도 아무도 말하지 않는다.

うなだれる		(실망, 슬픔 등으로) 고개를 떨구다, 머리숙이다

⊜ うつむく

うなだれたまま黙っている。
고개를 숙인 채 아무 말하지 않고 있다.

うぬぼれる		자부하다, 자만하다, 자신하다

彼は自分が天才だとうぬぼれている。
그는 자신이 천재라고 자부하고 있다.

潤う	うるおう	① 촉촉하다, 촉촉해지다

雨で大地が潤った。 비가 내려 대지가 촉촉해졌다.

② 풍족해지다, 두둑해지다

ボーナスが入り、懐が潤った。
보너스가 들어와 주머니가 두둑해졌다.

潤す	うるおす	① 촉촉하게 하다, 적시다 この広大な大地を潤すにはまだまだ不十分だった。 이 광대한 대지를 적시기에는 한참 모자랐다. ② 윤택하게 하다, 풍족하게 하다 輸出が経済を潤す。 수출이 경제를 윤택하게 하다.
うろたえる		당황하다, 허둥대다 突然の知らせにうろたえる。 갑작스런 소식에 당황하다.
上回る ⬇ 下回る 밑돌다, 하회하다	うわまわる	웃돌다, 상회하다 予想を上回る人が集まった。 예상을 웃도는 사람이 모였다.
追い込む	おいこむ	몰아넣다, 내몰다 窮地に追い込まれる。 궁지에 몰리다.
追い出す	おいだす	내쫓다 猫を部屋から追い出す。 고양이를 방에서 내쫓다.
老いる	おいる	늙다 老いた両親の面倒を見る。 늙으신 부모님을 돌보다.
負う	おう	업다, 짐을 지다, 부담하다 母が背に子を負う。 어머니가 등에 아이를 업다.
怠る	おこたる	게을리하다 上司への報告を怠る。 상사에 대한 보고를 게을리하다.
抑える	おさえる	막다, 억제하다 被害を最小限に抑える。 피해를 최소한으로 막다.
押し付ける	おしつける	떠넘기다, 전가하다 部下に責任を押し付ける。 부하에게 책임을 전가하다.
押し寄せる	おしよせる	밀려오다, 밀어 넣다 高波が押し寄せる。 높은 파도가 밀려오다.

襲う	おそう	덮치다, 습격하다

強盗が銀行を襲った。 강도가 은행을 습격했다.

恐れ入る	おそれいる	송구스럽다

ご心配をかけて恐れ入ります。
걱정을 끼쳐 송구스럽습니다.

おだてる		치켜세우다, 부추기다

おだてて酒をおごらせる。
치켜세워서 술을 한턱 내게 하다.

脅す	おどす	위협하다, 협박하다

通行人を脅して金を奪う。
통행인을 위협하여 돈을 빼앗다.

劣る	おとる	뒤떨어지다

性能が劣る。 성능이 뒤떨어지다.

衰える	おとろえる	쇠약해지다

年を取ると体力が衰える。
나이를 먹으면 체력이 쇠약해진다.

脅える	おびえる	무서워하다, 두려워하다

子供が犬に脅えて泣く。 아이가 개를 무서워해서 울다.

帯びる	おびる	(성질·성향·색 등을) 띠다

空が赤みを帯びている。 하늘이 붉은 빛을 띠고 있다.

お目にかける	おめにかける	보여 드리다

作品をお目にかける。 작품을 보여 드리다.

思い返す	おもいかえす	① 회상하다, 돌이켜 생각하다

学生時代を思い返す。 학생 시절을 회상하다.

② 다시 생각하다, 재고하다

思い返して旅行をやめた。
다시 생각해보고 여행을 그만두었다.

思い詰める	おもいつめる	골몰하다, 한 가지에 얽매여 고통스러워하다
		進学のことで思い詰めている。 진학 일로 골몰하다.
赴く	おもむく	향하다
		調査のため現地へ赴く。 조사를 위해 현지로 향하다.
及ぶ	およぶ	걸치다, 달하다, 미치다, 이르다
		交渉は8時間に及んだ。 교섭은 8시간에 이르렀다.
及ぼす	およぼす	미치게 하다, 파급시키다
		悪い影響を及ぼす。 나쁜 영향을 미치다.
買い替える	かいかえる	새로 사서 바꾸다
		車を買い替える。 차를 새로 바꾸다.
害する	がいする	해치다
		健康を害する。 건강을 해치다.
かいま見る	かいまみる	슬쩍 엿보다
		ドアの間からかいま見る。 문틈으로 슬쩍 엿보다.
顧みる	かえりみる	돌아보다, 회고하다
		多事多難の一年を顧みる。 다사다난한 한 해를 돌아보다.
省みる	かえりみる	반성하다
		自らを省みて恥じる。 스스로를 반성하고 부끄러워하다.
抱え込む	かかえこむ	끌어안다, 떠맡다
		大きな荷物を抱え込む。 커다란 짐을 끌어안다.
掲げる	かかげる	달다, 내걸다
		国旗を掲げる。 국기를 달다.
欠く	かく	빼먹다, 누락하다, 부족하다
		集中力を欠く。 집중력이 부족하다.

駆けつける	かけつける	급히 오다, 급히 가다, 서둘러 도착하다
		急いで現場に駆けつける。 급히 현장으로 달려가다.

駆け寄る	かけよる	달려오다, 달려가다
		駆け寄って握手をする。 달려와서 악수를 하다.

賭ける	かける	걸다, 내기하다, 도박하다
		競馬で大金を賭ける。 경마에서 큰 돈을 걸다.

かこつける		핑계 삼다, 구실로 내세우다
		病気にかこつけて学校を休む。 병을 핑계 삼아 학교를 쉬다.

かさばる		(부피가) 커지다
		荷物がかさばる。 짐이 커지다.

かさむ		(부피, 비용, 수량이) 늘어나다
		費用がかさむ。 비용이 늘어나다.

掠る	かする	스치다
		車が電柱を掠った。 차가 전봇대를 스쳤다.

傾ける	かたむける	기울이다
		耳を傾ける。 귀를 기울이다.

担ぐ	かつぐ	메다, 짊어지다
		肩に荷物を担ぐ。 어깨에 짐을 짊어지다.

叶える	かなえる	이루다, 실현하다, 달성하다
		長年の夢を叶える。 오랜 꿈을 이루다.

叶う	かなう	이루어지다
		願いがかなう。 소원이 이루어지다.

かばう		감싸다, 편들다
		部下をかばう。 부하를 감싸다.

かぶれる		① 피부가 염증을 일으키다

<ruby>薬<rt>くすり</rt></ruby>にかぶれ、<ruby>肌<rt>はだ</rt></ruby>がかゆくなった。
약 때문에 염증이 생겨 피부가 가려워졌다.

② 푹 빠지다

アメリカの<ruby>文化<rt>ぶんか</rt></ruby>にかぶれる。
미국 문화에 푹 빠지다.

構える	かまえる	① 갖추다, 마련하다

<ruby>都心<rt>としん</rt></ruby>に<ruby>事務所<rt>じむしょ</rt></ruby>を<ruby>構<rt>かま</rt></ruby>える。 도심에 사무소를 마련하다.

② 태도를 취하다

のんきに<ruby>構<rt>かま</rt></ruby>える。 느긋한 태도를 취하다.

噛み合う	かみあう	서로 맞물리다, 딱 들어맞다

<ruby>話<rt>はなし</rt></ruby>が<ruby>噛<rt>か</rt></ruby>み<ruby>合<rt>あ</rt></ruby>わない。 이야기가 서로 맞지 않다.

絡む	からむ	① 휘감기다

ひもが<ruby>絡<rt>から</rt></ruby>んでほどけない。 끈이 엉켜서 풀 수 없다.

② 관련되다

<ruby>事件<rt>じけん</rt></ruby>の<ruby>裏<rt>うら</rt></ruby>には<ruby>政治家<rt>せいじか</rt></ruby>が<ruby>絡<rt>から</rt></ruby>んでいる。
사건 뒤에는 정치가가 관련되어 있다.

交わす	かわす	주고받다, 나누다

<ruby>握手<rt>あくしゅ</rt></ruby>を<ruby>交<rt>か</rt></ruby>わす。 악수를 주고받다.

聞き流す	ききながす	흘려듣다

そんなうわさは<ruby>聞<rt>き</rt></ruby>き<ruby>流<rt>なが</rt></ruby>すことだ。
그런 소문은 흘려들어야 한다.

きしむ		삐걱거리다

<ruby>座<rt>すわ</rt></ruby>る<ruby>度<rt>たび</rt></ruby>に<ruby>椅子<rt>いす</rt></ruby>がきしむ。 앉을 때마다 의자가 삐걱거린다.

築き上げる	きずきあげる	쌓아 올리다, 구축하다

<ruby>苦労<rt>くろう</rt></ruby>して<ruby>財産<rt>ざいさん</rt></ruby>を<ruby>築<rt>きず</rt></ruby>き<ruby>上<rt>あ</rt></ruby>げる。 고생하여 재산을 쌓다.

競う	きそう	겨루다, 경쟁하다, 경합하다

<ruby>市長選<rt>しちょうせん</rt></ruby>は２<ruby>氏<rt>し</rt></ruby>が<ruby>激<rt>はげ</rt></ruby>しく<ruby>競<rt>きそ</rt></ruby>っている。
시장 선거는 두 사람이 치열하게 경합하고 있다.

鍛える	きたえる	단련하다
		スポーツで体を鍛える。 스포츠로 몸을 단련하다.

来す	きたす	초래하다
		支障を来す。 지장을 초래하다.

興じる	きょうじる	흥겨워하다, 푹 빠지다
		遊びに興じる。 놀이에 푹 빠지다.

切り替える	きりかえる	바꾸다, 전환하다
		冷房を暖房に切り替える。 냉방을 난방으로 전환하다.

切り出す	きりだす	(중요한 말, 상담을) 시작하다, 꺼내다
		結婚の話を切り出す。 결혼 이야기를 꺼내다.

極める	きわめる	끝까지 이루다, 극에 달하다
		復旧作業は困難を極めている。 복구 작업은 극도로 곤란한 상태이다.

食い込む	くいこむ	(다른 영역으로) 진입하다, 접어들다
		試合を勝ち抜いて上位に食い込んだ。 시합을 연승하며 상위에 진입했다.

食い違う	くいちがう	어긋나다, 엇갈리다
		両者の証言が食い違っている。 양자의 증언이 엇갈리고 있다.

食いつく	くいつく	달려들다, 물고 늘어지다
		もうけ話に食いつく。 돈벌이 이야기에 달려들다.

食い止める	くいとめる	막다, 저지하다
		経営の悪化を食い止める。 경영 악화를 막다.

悔いる	くいる	후회하다, 뉘우치다
		自分の犯した過ちを悔いる。 자신이 범한 잘못을 뉘우치다.

くぐる		빠져나가다, 뚫고 나가다
		難関をくぐって試験に合格した。 난관을 뚫고 시험에 합격했다.

挫ける	くじける	① 꺾이다, 접질리다 足が挫ける。 발이 접질리다. ② 좌절하다 何度失敗しても挫けない。 몇 번을 실패해도 좌절하지 않는다.
崩す	くずす	무너뜨리다, 허물다 古い塀を崩す。 낡은 담을 허물다.
崩れる	くずれる	무너지다 大雨で山が崩れる。 큰비로 산이 무너지다.
砕ける	くだける	부서지다, 깨지다 力を入れたら砕けてしまった。 힘을 주었더니 부서져 버렸다.
口ずさむ	くちずさむ	흥얼거리다 歌を口ずさみながら歩く。 노래를 흥얼거리면서 걷다.
朽ちる	くちる	썩다 公園のベンチが朽ちている。 공원의 벤치가 썩어 있다.
覆す	くつがえす	뒤집다, 전복시키다 予想を覆して新人が当選した。 예상을 뒤집고 신인이 당선되었다.
くつろぐ		편히 쉬다, 휴식하다 休日は家でくつろぐ。 휴일에는 집에서 편히 쉰다.
くるむ		감싸다, 휘감아 싸다 赤ちゃんをバスタオルでくるむ。 아기를 목욕 수건으로 감싸다.
けなす		깎아내리다, 헐뜯다 他人の作品をけなす。 타인의 작품을 깎아내리다.
心掛ける	こころがける	명심하다, 주의하다 安全第一を心掛ける。 안전제일을 명심하다.

試みる	こころみる	시도하다, 시험해 보다

新しいシステムの導入を試みる。
새로운 시스템의 도입을 시도하다.

こじれる		꼬이다, 엉키다, 악화되다

風邪がこじれて肺炎になった。
감기가 악화되어 폐렴이 되었다.

こだわる		얽매이다, 집착하다

形式にこだわる必要はない。
형식에 집착할 필요는 없다.

拒む	こばむ	거부하다, 거절하다

情報の公開を拒む。 정보 공개를 거부하다.

ごまかす		속이다, 얼버무리다

人をごまかしてお金を盗む。 남을 속여 돈을 훔치다.

籠もる	こもる	틀어박히다

子供は部屋に籠もったきり出て来ない。
아이는 방에 틀어박힌 채 나오지 않는다.

懲らしめる	こらしめる	징계하다, 응징하다

悪人を懲らしめる。 악인을 응징하다.

懲りる	こりる	질리다, 넌더리가 나다, 데다

前の失敗に懲りて慎重になる。
이전의 실패에 데어서 신중해지다.

凝る	こる	① (신체가) 뻐근하다, 결리다

肩が凝って眠れない。 어깨가 결려서 잘 수 없다.

② 열중하다, 빠지다

今、釣りに凝っている。 지금 낚시에 빠져 있다.

遮る	さえぎる	가리다, 차단하다

カーテンで光を遮る。 커튼으로 빛을 가리다.

さえずる		**(새가) 지저귀다, (아이들이) 재잘거리다** 鳥のさえずる声で目覚める。 새가 지저귀는 소리에 눈을 뜨다.
冴える	さえる	**맑아지다, 선명해지다, 선명하다** 夜空に星が冴える。 밤하늘에 별이 선명하다.
先駆ける	さきがける	**(남보다) 앞서다** ライバル社に先駆けて新製品を売り出す。 경쟁사에 앞서 신제품을 발매하다.
先立つ	さきだつ	**앞장서다, 앞서다** 試合に先立って開会式が行われた。 시합에 앞서 개회식이 거행되었다.
裂く	さく	**찢다, 가르다** 布を裂く。 천을 찢다.
割く	さく	**할애하다, 내어주다** 時間を割く。 시간을 할애하다.
捧げる	ささげる	**바치다** 医学の研究に一生を捧げる。 의학 연구에 일생을 바치다.
差し掛かる	さしかかる	**접어들다** 車が交差点に差し掛かる。 차가 교차로에 접어들다.
授ける	さずける	**하사하다, 수여하다** 学位を授ける。 학위를 수여하다.
定まる	さだまる	**정해지다, 결정되다** 会社の方針が定まる。 회사의 방침이 결정되다.
定める	さだめる	**정하다** 合格者の基準を定める。 합격자의 기준을 정하다.
察する	さっする	**헤아리다** 被害者の心情を察する。 피해자의 심정을 헤아리다.

諭す	さとす	깨우치다, 잘 타이르다

いたずらした子どもを優しく諭す。
장난친 아이를 부드럽게 타이르다.

悟る	さとる	깨닫다

事の重大さを悟る。 일의 중대함을 깨닫다.

裁く	さばく	재판하다, 시비를 가리다

事件を公平に裁く。 사건을 공평하게 재판하다.

さ迷う	さまよう	방황하다, 헤매다

生死の境をさ迷う。 생사의 경계를 헤매다.

障る	さわる	지장을 초래하다, 해롭다

夜更かしは体に障る。 밤늦게까지 깨어 있는 것은 몸에 해롭다.

強いる	しいる	강요하다, 강제하다

服従を強いる。 복종을 강요하다.

仕入れる	しいれる	매입하다, 사들이다

食材を仕入れる。 식재료를 매입하다.

しがみつく		매달리다

子どもは泣きながら父親にしがみついている。
아이는 울면서 아버지에게 매달리고 있다.

しくじる		실패하다, 그르치다

試験を何回もしくじる。 시험을 몇 번이나 그르치다.

慕う	したう	그리워하다, 우러르다, 따르다

故人の徳を慕う。 고인의 덕을 우러르다.

仕立てる	したてる	① (옷을) 만들다

ドレスを仕立てる。 드레스를 만들다.

② 길러 내다, 양성하다

弟子を立派な職人に仕立てる。
제자를 훌륭한 장인으로 길러 내다.

しのぐ		견디다, 극복하다 飢えをしのぐ。 굶주림을 견디다.
渋る	しぶる	주저하다, 떨떠름해하다 彼は返事を渋っていた。 그는 대답을 주저하고 있었다.
染みる	しみる	① 번지다, 스며들다, 배다 味が染みる。 맛이 배다. ② 절실히 느끼다, 사무치다 親切が身に染みる。 친절이 가슴에 사무친다.
しゃれる		세련되다, 멋부리다 デザインがしゃれている。 디자인이 세련되다.
準ずる	じゅんずる	준하다 正職員に準ずる待遇をする。 정직원에 준하는 대우를 하다.
白ける	しらける	흥이 깨지다 座が白ける。 (그 장소의) 흥이 깨지다.
退く	しりぞく	물러나다, 은퇴하다 政界から退く。 정계에서 물러나다.
記す	しるす	적다, 기록하다 出来事を日記に記す。 사건을 일기에 기록하다.
据える	すえる	① 고정시키다, 놓다 部屋の真ん中にテーブルを据える。 방 한가운데에 탁자를 놓다. ② (지위에) 앉히다, 모시다 校長に据える。 교장으로 모시다.
過ぎ去る	すぎさる	지나가 버리다 過ぎ去った青春。 지나가 버린 청춘.

동사

139

透ける	すける	들여다보이다, 비쳐 보이다

紙が薄くて裏側の字が透けて見える。
종이가 얇아서 뒷면의 글자가 비쳐 보인다.

すすぐ		헹구다

洗濯物をすすぐ。 빨래를 헹구다.

廃れる	すたれる	쇠퇴하다

流行は廃れるものだ。 유행은 쇠퇴하는 법이다.

澄む	すむ	맑다, 투명하다

空が澄んでいる。 하늘이 맑다.

ずれ込む	ずれこむ	시기가 미뤄지다, 늦춰지다

新薬の発売はかなりずれ込みそうだ。
신약 발매는 상당히 미뤄질 듯하다.

制する	せいする	① 제압하다

機先を制する。 기선을 제압하다.

② 제정하다

議会で法律を制する。 의회에서 법률을 제정하다.

急かす	せかす	재촉하다

⊜急かせる

仕事を急かす。 일을 재촉하다.

添える	そえる	더하다, 곁들이다, 첨부하다

贈り物にカードを添える。 선물에 카드를 곁들이다.

損なう	そこなう	망치다, 해치다

健康を損なう。 건강을 해치다.

そそる		(감정, 기분을) 돋우다, 자아내다, 유발하다

読者の興味をそそる。 독자의 흥미를 유발하다.

備え付ける	そなえつける	설치하다, 비치하다

寮の部屋にはパソコンが備え付けてある。
기숙사 방에는 컴퓨터가 비치되어 있다.

そびえる		우뚝 솟다 高層ビルがそびえている。 고층 빌딩이 우뚝 솟아 있다.
染まる	そまる	물들다 布が赤く染まる。 옷감이 붉게 물들다.
背く	そむく	등지다, 어기다, 거역하다, 거스르다 命令に背く。 명령을 거역하다.
背ける	そむける	(얼굴, 눈길을) 돌리다, 외면하다 惨状に目を背ける。 참혹한 상황에 눈길을 돌리다.
染める	そめる	물들이다, 염색하다 髪を染める。 머리를 염색하다.
逸らす	そらす	(방향, 목표를) 돌리다 話題を逸らす。 화제를 돌리다.
反る	そる	휘어지다 乾いて板が反る。 말라서 널판지가 휘어지다.
耐える 堪える	たえる	① 견디다, 참다 悲しみに耐える。 슬픔을 참다. ② ~할 만하다 鑑賞に堪える。 감상할 만하다.
絶える	たえる	끊어지다, 끊기다 人通りが絶える。 사람의 왕래가 끊어지다.
託す	たくす	맡기다, 부탁하다 秘書に伝言を託した。 비서에게 전언을 부탁했다.
たしなむ		즐기다, 애호하다 タバコをたしなむ。 담배를 즐기다.
携える	たずさえる	소지하다, 휴대하다, 가지다 手土産を携えて訪問する。 간단한 선물을 가지고 방문하다.

携わる	たずさわる	종사하다, 관계하다 教育きょういくに携たずさわる。 교육에 종사하다.
たたえる		기리다, 칭찬하다 勇気ゆうきをたたえる。 용기를 칭찬하다.
漂う	ただよう	① 떠다니다 雲くもが漂ただよう。 구름이 떠다니다. ② (분위기가) 감돌다 重苦おもくるしい雰囲気ふんいきが漂ただよう。 답답한 분위기가 감돌다.
立ち尽くす	たちつくす	(감동, 놀람으로) 멈춰 서다, 우두커니 서 있다 呆然ぼうぜんと立たち尽つくす。 우두커니 서 있다.
断つ	たつ	끊다, 그만두다 関係かんけいを断たつ。 관계를 끊다.
立て替える	たてかえる	대신 지불하다 会費かいひを立たて替かえる。 회비를 대신 지불하다.
奉る	たてまつる	① 바치다, 헌상하다 貢みつぎ物ものを奉たてまつる。 조공을 바치다. ② (형식적으로) 받들어 모시다 会長かいちょうに奉たてまつる。 회장으로 모시다.
たどり着く	たどりつく	겨우 도착하다, 간신히 도달하다 山頂さんちょうにたどり着つく。 산 정상에 간신히 도달하다.
たどる		더듬어 찾다, 더듬어 가다 地図ちずをたどって目的地もくてきちに着つく。 지도를 더듬어 가며 목적지에 도착하다.
束ねる	たばねる	묶다 古新聞ふるしんぶんを束たばねる。 헌 신문을 묶다.
賜る	たまわる	받다, 받잡다(もらう의 겸손) お言葉ことばを賜たまわる。 말씀을 받잡다.

ためらう		**망설이다, 주저하다** はっきりした返事をためらう。 확실한 대답을 주저하다.
頼る	たよる	**의지하다** 親に頼りすぎて自立できない。 부모에게 너무 의지하여 자립할 수 없다.
垂らす	たらす	**늘어뜨리다** ロープを垂らす。 로프를 늘어뜨리다.
弛む	たるむ	**① 늘어지다, 느슨해지다** 綱が弛んでいる。 밧줄이 느슨해져 있다. **② 해이해지다** 気が弛んでいる。 마음이 해이해지다.
垂れる	たれる	**늘어지다** 前髪が額に垂れている。 앞머리가 이마 쪽으로 늘어져 있다.
誓う	ちかう	**맹세하다, 서약하다** 二人は永遠の愛を誓った。 두 사람은 영원한 사랑을 맹세했다.
縮れる	ちぢれる	**주름지다, 곱슬거리다, 오그라들다** 髪の毛が縮れる。 머리카락이 곱슬거리다.
費やす	ついやす	**쓰다, 소비하다, 사용하다** 趣味に時間を費やす。 취미에 시간을 소비하다.
仕える	つかえる	**섬기다** 神に仕える。 신을 섬기다.
司る	つかさどる	**담당하다** 行政を司る。 행정을 담당하다.
突き当たる	つきあたる	**부딪치다, 마주치다, 충돌하다** 難問に突き当たる。 어려운 문제에 부딪치다.

突き進む	つきすすむ	돌진하다
		目標に向かって突き進む。 목표를 향해 돌진하다.

尽きる	つきる	다하다, 떨어지다, 바닥나다
		体力が尽きる。 체력이 떨어지다.

尽くす	つくす	다하다
		常にベストを尽くしたい。 항상 최선을 다하고 싶다.

償う	つぐなう	보상하다, 변상하다, 갚다, 속죄하다
		罪を償う。 속죄하다.

造る	つくる	(집이나 배 등을) 만들다
		船を造る。 배를 만들다.

繕う	つくろう	수선하다, 깁다, 보수하다
		靴下を繕う。 양말을 깁다.

告げる	つげる	고하다, 알리다
		別れを告げる。 이별을 고하다.

培う	つちかう	① 배양하다, 기르다
		学力を培う。 학력을 기르다.
		② 재배하다
		作物を培う。 작물을 재배하다.

突っかかる	つっかかる	① 걸리다, 부딪히다
		いすに突っかかって転ぶ。 의자에 걸려 넘어지다.
		② 덤벼들다, 대들다
		相手かまわず突っかかる。 상대가 누구든 상관하지 않고 덤벼들다.

慎む	つつしむ	조심하다, 삼가다
		言動を慎む。 언동을 조심하다.

突っ張る	つっぱる	버티다, 강경하게 나가다
		妥協せずに突っ張る。 타협하지 않고 버티다.

つなぐ		잇다, 연결하다 電話をつなぐ。 전화를 연결하다.
募る	つのる	① 모집하다 人材を募る。 인재를 모집하다. ② 점점 심해지다, 더해지다 不安が募る。 불안감이 더해지다.
呟く	つぶやく	중얼거리다 一人で呟く。 혼자서 중얼거리다.
つぶる		눈을 감다 目をつぶって考える。 눈을 감고 생각하다.
つまむ		집다 指でつまんで食べる。 손가락으로 집어 먹다.
積み重なる	つみかさなる	쌓이다 疲れが積み重なる。 피로가 쌓이다.
積み立てる	つみたてる	적립하다, 돈을 모으다 旅行の費用を積み立てる。 여행 비용을 모으다.
摘む	つむ	(손으로) 따다, 뜯다, 잘라내다 花を摘む。 꽃을 따다.
貫く	つらぬく	관철하다 自分の意思を貫く。 자신의 의사를 관철하다.
手がける	てがける	손대다, 직접 다루다 手がけた仕事は全部失敗した。 손댄 일은 전부 실패했다.
徹する	てっする	~에 철저하다, ~에 충실하다, 일관하다 家業に徹する。 가업에 충실하다.
転じる	てんじる	바뀌다, 바꾸다 学者から政治家に転じる。 학자에서 정치가로 바뀌다.

問いかける	といかける	물어보다, 질문을 던지다, 제기하다
		社会に環境問題を問いかける。 사회에 환경문제를 제기하다.

問い詰める	といつめる	캐묻다, 추궁하다
		欠勤の理由を問い詰める。 결근한 이유를 추궁하다.

投じる ● とうずる	とうじる	① 던지다
		第一球を投じる。 첫 번째 공을 던지다.
		② 편승하다, 기회를 이용하다
		機会に投じて利益を得る。 기회에 편승하여 이익을 얻다.

尊ぶ	とうとぶ	존중하다
		少数意見も尊ぶべきだ。 소수 의견도 존중해야 한다.

遠ざかる	とおざかる	멀어지다
		足音が遠ざかる。 발소리가 멀어지다.

とがめる		① 나무라다, 비난하다
		失敗をとがめる。 실패를 나무라다.
		② 가책을 느끼다, 마음이 불편하다
		気がとがめる。 마음에 가책을 느끼다.

解き放す ● ときはなつ	ときはなす	풀어주다, 해방하다
		古いしきたりから人々を解き放す。 낡은 관습으로부터 사람들을 해방하다.

途切れる	とぎれる	끊기다, 중단되다
		会話が途切れる。 대화가 끊기다.

説く	とく	설명하다, 해설하다
		開発の必要性を説く。 개발의 필요성을 설명하다.

研ぐ	とぐ	① 갈다
		包丁を研ぐ。 부엌칼을 갈다.
		② 곡식을 씻다
		米を研ぐ。 쌀을 씻다.

遂げる	とげる	이루다, 달성하다
		目的を遂げる。 목적을 달성하다.

綴じる	とじる	철하다, 묶다
		原稿を綴じる。 원고를 철하다.

途絶える	とだえる	끊어지다, 두절되다
		便りが途絶える。 소식이 두절되다.

滞る	とどこおる	막히다, 정체되다, (지불이) 밀리다
		家賃が滞っている。 집세가 밀리고 있다.

唱える	となえる	주장하다, 외치다
		新しい学説を唱える。 새로운 학설을 주장하다.

飛び交う	とびかう	난무하다, 어지럽게 날다
		噂が飛び交う。 소문이 난무하다.

とぼける		시치미를 떼다
		知らないととぼける。 모른다고 시치미를 떼다.

戸惑う	とまどう	당황하다, 방황하다, 헤매다, 우물쭈물하다
		急に聞かれて戸惑う。 갑자기 질문을 받고 당황하다.

取り扱う	とりあつかう	다루다, 처리하다, 취급하다
		荷物を丁寧に取り扱う。 짐을 조심스럽게 다루다.

取り調べる	とりしらべる	조사하다, 취조하다
		容疑者を取り調べる。 용의자를 취조하다.

取り付く	とりつく	매달리다, 착수하다
		新しい研究課題に取り付く。 새로운 연구 과제에 착수하다.

取り次ぐ	とりつぐ	전달하다, 중개하다
		伝言を取り次ぐ。 전언을 전달하다.

取り付ける	とりつける	설치하다
		クーラーを取り付ける。 에어컨을 설치하다.

取り除く	とりのぞく	제거하다, 없애다

不良品を取り除く。 불량품을 제거하다.

取り巻く	とりまく	둘러싸다

ファンに取り巻かれる。 팬들에게 둘러싸이다.

取り戻す	とりもどす	되찾다, 회복하다

健康を取り戻す。 건강을 회복하다.

取り寄せる	とりよせる	(주문하여) 들여오다

メーカーからサンプルを取り寄せる。
제조 업체로부터 샘플을 들여오다.

採る	とる	뽑다, 채용하다, 선택하다

新入社員を採る。 신입 사원을 채용하다.

とろける		녹다

熱でバターがとろける。 열로 버터가 녹다.

嘆く	なげく	한탄하다, 탄식하다

失敗を嘆く。 실패를 탄식하다.

なじむ		친숙해지다, 익숙해지다

都会の生活になじむ。 도시 생활에 익숙해지다.

詰る	なじる	힐책하다, 따지다

部下の怠惰を詰る。 부하의 나태함을 힐책하다.

なだめる		달래다, 진정시키다

怒っている友人をなだめる。 화난 친구를 진정시키다.

懐く	なつく	(주로 사람에게) 친숙해져 따르다, 친해지다

新しい先生に懐く。 새로운 선생님을 따르다.

名付ける	なづける	이름 짓다, 명명하다

長男を一郎と名付ける。 장남을 이치로라고 이름 짓다.

なめる		① 핥다, (혀로) 맛보다
		飴をなめる。 사탕을 핥다.
		② 깔보다, 얕보다, 무시하다
		素人になめられる。 초보자에게 무시 당하다.
倣う	ならう	모방하다, 본받다, 따르다
		前例に倣って決める。 전례에 따라 결정하다.
慣らす	ならす	길들이다, 익숙하게 하다
		体を寒さに慣らす。 몸을 추위에 익숙하게 하다.
成り立つ	なりたつ	성립되다
		契約が成り立つ。 계약이 성립되다.
似通う	にかよう	서로 닮다, 서로 비슷하다
		服装が似通っている。 복장이 서로 비슷하다.
賑わう	にぎわう	활기차다, 붐비다
		観光客で賑わっている。 관광객으로 붐비다.
にじむ		배다, 스미다, 번지다, 맺히다
		血のにじむような努力をする。 피나는 노력을 하다.
煮立つ	にたつ	펄펄 끓다, 끓어오르다
		スープが煮立つ。 스프가 끓어오르다.
担う	になう	짊어지다, 떠맡다
		国の未来を担う若者たち。 나라의 미래를 짊어질 젊은이들.
鈍る	にぶる	무디어지다, 둔해지다
		練習不足で腕が鈍る。 연습 부족으로 실력이 둔해지다.
にらむ		노려보다, 째려보다
		鋭い目つきでにらむ。 날카로운 눈초리로 노려보다.
抜かす	ぬかす	빠뜨리다, 거르다
		朝食を抜かす。 아침 식사를 거르다.

抜け出す	ぬけだす	살짝 빠져 나오다
		会議を抜け出す。 회의를 살짝 빠져 나오다.

寝込む	ねこむ	깊이 잠들다, (병으로) 드러눕다, 앓아눕다
		風邪で寝込む。 감기로 앓아눕다.

ねじれる		뒤틀리다, 꼬이다
		ネクタイがねじれる。 넥타이가 꼬이다.

妬む	ねたむ	질투하다, 시샘하다
		友達の成功を妬む。 친구의 성공을 질투하다.

ねだる		조르다, 떼를 쓰다
		子供がおもちゃをねだって泣く。
		아이가 장난감을 조르며 운다.

粘る	ねばる	① 끈기 있다
		餅が粘って歯にくっつく。
		떡이 끈기가 있어서 이에 달라붙는다.
		② 끝까지 버티다
		最後まで粘る。 끝까지 버티다.

練る	ねる	① 반죽하다
		生地を練る。 반죽하다.
		② 다듬다
		対策案を練る。 대책안을 다듬다.

逃れる	のがれる	도망치다, 벗어나다, 면하다
		責任を逃れる。 책임을 면하다.

臨む	のぞむ	마주하다, 임하다
		試合に臨む。 시합에 임하다.

乗っ取る	のっとる	빼앗다, (선박, 항공기 등을) 납치하다
		会社を乗っ取る。 회사를 빼앗다.

のしる		욕설을 퍼붓다 <ruby>人<rt>ひと</rt></ruby><ruby>前<rt>まえ</rt></ruby>でののしられる。 사람들 앞에서 욕을 먹다.
乗り越える	のりこえる	뛰어넘다, 극복하다 <ruby>不況<rt>ふきょう</rt></ruby>を<ruby>乗<rt>の</rt></ruby>り<ruby>越<rt>こ</rt></ruby>える。 불황을 극복하다.
乗り出す	のりだす	적극적으로 나서다 <ruby>資源開発<rt>しげんかいはつ</rt></ruby>に<ruby>乗<rt>の</rt></ruby>り<ruby>出<rt>だ</rt></ruby>す。 자원 개발에 나서다.
乗り継ぐ	のりつぐ	갈아타다, 환승하다 バスから<ruby>電車<rt>でんしゃ</rt></ruby>に<ruby>乗<rt>の</rt></ruby>り<ruby>継<rt>つ</rt></ruby>ぐ。 버스에서 전철로 갈아타다.
這う	はう	기다 <ruby>赤<rt>あか</rt></ruby>ん<ruby>坊<rt>ぼう</rt></ruby>が<ruby>這<rt>は</rt></ruby>って<ruby>進<rt>すす</rt></ruby>む。 아기가 기어서 앞으로 나아가다.
映える	はえる	반사되어 반짝이다 <ruby>夕日<rt>ゆうひ</rt></ruby>に<ruby>冬山<rt>ふゆやま</rt></ruby>が<ruby>美<rt>うつく</rt></ruby>しく<ruby>映<rt>は</rt></ruby>えている。 석양에 겨울 산이 아름답게 반짝이고 있다.
剥がす	はがす	(부착된 것을) 벗기다, 떼어내다 <ruby>壁<rt>かべ</rt></ruby>からポスターを<ruby>剥<rt>は</rt></ruby>がす。 벽에서 포스터를 떼어내다.
捗る	はかどる	진척되다, 순조롭게 진행되다 <ruby>仕事<rt>しごと</rt></ruby>が<ruby>捗<rt>はかど</rt></ruby>る。 일이 진척되다.
図る	はかる	꾀하다, 도모하다 <ruby>客<rt>きゃく</rt></ruby>の<ruby>便宜<rt>べんぎ</rt></ruby>を<ruby>図<rt>はか</rt></ruby>る。 손님의 편의를 도모하다.
諮る	はかる	자문하다, 상의하다 <ruby>議会<rt>ぎかい</rt></ruby>に<ruby>諮<rt>はか</rt></ruby>って<ruby>決<rt>き</rt></ruby>める。 의회에 자문을 구하여 결정하다.
剥ぐ	はぐ	벗기다 <ruby>木<rt>き</rt></ruby>の<ruby>皮<rt>かわ</rt></ruby>を<ruby>剥<rt>は</rt></ruby>ぐ。 나무 껍질을 벗기다.
はぐらかす		얼버무리다 <ruby>話<rt>はなし</rt></ruby>をはぐらかす。 이야기를 얼버무리다.
励ます	はげます	격려하다, 기운을 북돋우다 <ruby>被災者<rt>ひさいしゃ</rt></ruby>を<ruby>励<rt>はげ</rt></ruby>ます。 이재민을 격려하다.

励む	はげむ	**힘쓰다, 열심히 하다** 練習に励む。 연습에 힘쓰다.
化ける	ばける	**둔갑하다, 변장하다** 犯人は女性に化けて逃げた。 범인은 여성으로 변장해서 도망쳤다.
はじく		**튕기다, 막아내다** そろばんの玉をはじく。 주판알을 튕기다.
はしゃぐ		**들떠서 떠들다, 재잘거리다** 子供のようにはしゃぐ。 아이처럼 재잘거리다.
恥らう	はじらう	**부끄러워하다** 人前に出るのを恥らう。 남의 앞에 나서는 것을 부끄러워하다.
恥じる	はじる	**부끄러워하다, 부끄럽게 생각하다** 軽率な発言を恥じる。 경솔한 발언을 부끄러워하다.
弾む	はずむ	**① 튀다** このボールはよく弾む。 이 공은 잘 튄다. **② 들뜨다, 활기를 띠다** 会話が弾む。 대화가 활기를 띠다.
はせる		**① 달리게 하다, 몰다** 馬をはせる。 말을 몰다. **② (명성을) 떨치다** 名声をはせる。 명성을 떨치다.
罰する	ばっする	**벌하다, 처벌하다** 法律によって罰する。 법률에 따라 처벌하다.
ばてる		**지치다, 녹초가 되다** 暑さにばててしまう。 더위에 지치다.
跳ね返る	はねかえる	**튀어오르다, 되돌아오다** ボールが跳ね返る。 공이 튀어오르다.

阻む	はばむ	**저지하다, 막다, 방해하다**
		反対派の人々に阻まれる。
		반대파 사람들에게 저지 당하다.

省く	はぶく	**생략하다, 없애다, 줄이다**
🔵 略す 줄이다		詳しい説明を省く。 자세한 설명을 생략하다.

はまる		**① 꼭 들어맞다**
		指輪が小さくて指にはまらない。
		반지가 작아서 손가락에 맞지 않는다.
		② 계략에 빠지다, 속다
		わなにはまる。 함정에 빠지다.

生やす	はやす	**기르다**
		ひげを生やす。 수염을 기르다.

ばらまく		**뿌리다, 흩뿌리다**
		鳥のえさをばらまく。 새의 먹이를 뿌리다.

張り合う	はりあう	**경쟁하다, 겨루다**
🔵 競い合う		主役を張り合う。 주인공을 두고 경쟁하다.

腫れる	はれる	**붓다, 부어오르다**
		顔が腫れている。 얼굴이 부어 있다.

控える	ひかえる	**① 앞두다, 대기하다**
		試合を来月に控えている。
		시합을 다음 달로 앞두고 있다.
		② 삼가다, 자제하다, 절제하다
		健康のため酒を控える。 건강을 위해 술을 삼가다.
		③ 적어두다
		予定を手帳に控える。 예정을 수첩에 적어두다.

率いる	ひきいる	**인솔하다, 통솔하다**
		生徒を率いて、遠足に行く。
		학생을 인솔하여 소풍을 가다.

引き起こす	ひきおこす	일으켜 세우다, 일으키다

トラブルを引き起こす。 문제를 일으키다.

引き返す	ひきかえす	(원래 장소로) 되돌아가다, 되돌리다

途中で引き返す。 도중에 방향을 되돌리다.

引き下げる	ひきさげる	내리다, 낮추다, 인하하다

価格を引き下げる。 가격을 인하하다.

引き締まる	ひきしまる	① 팽팽해지다, 탄탄해지다

引き締まった体をしている。 탄탄한 몸을 지니다.

② 바짝 긴장하다

気持ちが引き締まる。 바짝 긴장하다.

引きずる	ひきずる	질질 끌다, 끌고 가다

荷物を引きずって運ぶ。 짐을 끌어서 옮기다.

引き止める	ひきとめる	만류하다, 제지하다, 말리다

辞任を引き止める。 사임을 만류하다.

引き取る	ひきとる	① 떠맡다, 인수하다, 받다

預けていた荷物を引き取る。 맡겼던 짐을 받다.

② 물러나다, 물러가다, 뜨다

その場を引き取る。 그 자리를 뜨다.

引き寄せる	ひきよせる	끌어당기다, 유인하다

笑顔には人を引き寄せる力がある。
미소에는 사람을 끌어당기는 힘이 있다.

浸す	ひたす	담그다, 적시다

お湯に手足を浸して温める。
따뜻한 물에 손발을 담그어 따뜻하게 하다.

秘める	ひめる	숨기다, 간직하다

子供たちは無限の可能性を秘めている。
아이들은 무한한 가능성을 간직하고 있다.

冷やかす	ひやかす	**① 놀리다** 道行く人を冷やかす。 길 가는 사람을 놀리다. **② 구경만 하다** 店を冷やかして歩く。 가게를 구경만 하고 다니다.
ひらめく		**번쩍이다, 번뜩이다** アイデアがひらめく。 아이디어가 번뜩이다.
封じる	ふうじる	**봉하다, 밀봉하다, 봉쇄하다** 敵の攻撃を封じる。 적의 공격을 봉쇄하다.
膨れる	ふくれる	**부풀다, 불룩해지다** 腹が膨れる。 배가 불룩해지다.
老ける	ふける	**늙다, 나이를 먹다** 年の割には老けてみえる。 나이에 비해서는 늙어 보인다.
耽る	ふける	**열중하다, 몰두하다, 빠지다** 読書に耽る。 독서에 몰두하다.
踏まえる	ふまえる	**판단의 근거로 삼다, 입각하다** 事実を踏まえて論じる。 사실에 입각해 논하다.
振り返る ● 顧みる	ふりかえる	**되돌아보다, 회고하다** 学生時代を振り返る。 학창 시절을 되돌아보다.
振り払う	ふりはらう	**뿌리치다, 털어내다** 差し出した手を振り払う。 내민 손을 뿌리치다.
へりくだる		**자신을 낮추다, 겸손해하다** へりくだった態度で人に接する。 자신을 낮춘 태도로 사람을 응대하다.

経る	へる	① 경유하다, 거치다
		パリを経てロンドンへ行く。
		파리를 경유해서 런던으로 가다.
		② 경과하다, (시간이) 흐르다
		多くの年月を経る。 많은 세월이 흐르다.

報じる	ほうじる	알리다, 보도하다
⊜ ほうずる		選挙結果を報じる。 선거 결과를 알리다.

葬る	ほうむる	매장하다, 묻다
		死者を葬る。 사망자를 매장하다.

放り出す	ほうりだす	집어치우다, 내팽개치다
		仕事を途中で放り出す。 일을 도중에 내팽개치다.

ほぐれる		(긴장, 분노, 피로 등이) 풀리다
		緊張がほぐれる。 긴장이 풀리다.

ぼける		① 흐릿하다
		遠くのものがぼけて見える。
		멀리 있는 것이 흐릿하게 보인다.
		② 멍해지다, 정신이 흐릿해지다
		年とともにぼけてきた。
		나이와 더불어 정신이 흐릿해지기 시작했다.

誇る	ほこる	자랑하다, 긍지로 여기다
		長い歴史と文化を誇る。 긴 역사와 문화를 자랑하다.

綻びる	ほころびる	살짝 벌어지다, 피어나다, (꽃망울을) 터뜨리다
		桜のつぼみが綻びる。 벚꽃의 꽃망울이 피어나다.

解く	ほどく	풀다
		ネクタイを解く。 넥타이를 풀다.

解ける	ほどける	풀리다
		靴のひもが解ける。 구두 끈이 풀리다.

施す	ほどこす	① 베풀다 恩恵を施す。 은혜를 베풀다. ② 시행하다 至急対策を施すべきだ。 시급히 대책을 시행해야 한다.
ぼやく		투덜대다, 우는소리를 하다 給料が安いとぼやく。 급료가 적다고 투덜대다.
ぼやける		희미해지다, 흐릿하다 物がぼやけて見える。 사물이 흐릿하게 보이다.
滅びる	ほろびる	멸망하다, 없어지다 国家が滅びる。 국가가 멸망하다.
滅ぼす	ほろぼす	멸하다, 멸망시키다, 섬멸하다 敵を滅ぼす。 적을 섬멸하다.
負かす	まかす	이기다, 패배시키다 競技で相手を負かす。 경기에서 상대를 이기다.
賄う	まかなう	조달하다, 마련하다 寄付で費用を賄う。 기부로 비용을 조달하다.
紛れる	まぎれる	뒤섞이다, 혼동되다 犯人は人込みに紛れて姿が見えなくなった。 범인은 인파에 뒤섞여 모습이 보이지 않게 되었다.
まごつく ⊖ まごまごする		당황하다, 갈팡질팡하다 外国の空港でまごつく。 외국 공항에서 갈팡질팡하다.
勝る ⊖ すぐれる	まさる	낫다, 우수하다, 뛰어나다 実力では相手チームより勝っている。 실력으로는 상대 팀보다 뛰어나다.
交える	まじえる	섞다, 끼워 넣다, 포함시키다 冗談を交えて会話をする。 농담을 섞어 대화를 하다.

交わる	まじわる	사귀다, 교제하다 友と親しく交わる。 친구와 친밀히 사귀다.
またがる ⊜わたる		① 올라타다, 걸터앉다 自転車にまたがる。 자전거에 올라타다. ② 걸치다 この山は二県にまたがっている。 이 산은 두 현에 걸쳐져 있다.
全うする	まっとうする	완수하다, 마치다 任務を全うする。 임무를 완수하다.
惑わす	まどわす	유혹하다, 혼란스럽게 하다, 현혹시키다, 속이다 誇大広告が消費者を惑わす。 과대광고가 소비자를 혼란스럽게 하다.
免れる ⊜まぬかれる	まぬがれる	면하다, 피하다 死を免れる。 죽음을 면하다.
丸める	まるめる	말다, 둥글게 하다 紙くずを丸めて捨てる。 휴지를 말아서 버리다.
見合わせる	みあわせる	① 서로 마주 보다 顔を見合わせる。 얼굴을 마주 보다. ② 보류하다, 좋은 때를 기다리다 病気で旅行を見合わせる。 병으로 여행을 보류하다.
見失う	みうしなう	시야에서 놓치다 人込みの中で友だちを見失ってしまった。 인파 속에서 친구를 놓쳐 버렸다.
見落とす	みおとす	간과하다, 못 보고 넘기다 間違いを見落とす。 실수를 간과하다.
見かける	みかける	눈에 띄다, (언뜻) 보다 あの人はよく駅で見かける。 그 사람은 역에서 자주 눈에 띈다.

| 見極める | みきわめる | 끝까지 지켜보다, 끝까지 밝히다, 확인하다 |

事の真相を見極める。 일의 진상을 끝까지 밝히다.

| 見せびらかす | みせびらかす | 과시하다, 자랑해 보이다 |

新車を見せびらかす。 새 차를 자랑하다.

| 満たす | みたす | 채우다, 충족시키다 |

コップに水を満たす。 컵에 물을 채우다.

| 見積もる | みつもる | 어림잡다, 견적을 내다, 대중 잡다 |

経費を見積もる。 경비를 어림잡다.

| 見なす | みなす | 간주하다 |

返事のない者は欠席と見なす。
대답이 없는 사람은 결석으로 간주한다.

| 見習う | みならう | 본받다 |

先輩を見習ってがんばる。 선배를 본받아 노력하다.

| 見抜く | みぬく | 간파하다, 알아채다, 꿰뚫어 보다 |

嘘を見抜く。 거짓말을 간파하다.

| 見逃す | みのがす |

① 간과하다, 놓치다

わずかな失敗も見逃さない。
사소한 실수도 놓치지 않는다.

② 눈감아 주다, 봐주다

駐車違反を見逃す。 주차 위반을 눈감아 주다.

| 見計らう | みはからう | (적당한 때를) 가늠하다 |

頃合を見計らって会を終わりにする。
적당한 때를 가늠하여 모임을 끝내다.

| 見開く | みひらく | 눈을 크게 뜨다 |

驚きのあまり目を見開く。 놀란 나머지 눈을 크게 뜨다.

| 見破る | みやぶる | 간파하다, 꿰뚫어 보다 |

計略を見破る。 계략을 간파하다.

159

見分ける	みわける	분별하다, 감별하다, 식별하다 不良品を見分ける。 불량품을 감별하다.
見渡す	みわたす	멀리 바라보다, 내다보다 展望台から海を見渡す。 전망대에서 바다를 바라보다.
むしる		뽑다, 잡아 뽑다 草をむしる。 풀을 뽑다.
結び付く	むすびつく	맺어지다, 관련되다, 이어지다 努力が成功に結び付く。 노력이 성공으로 이어지다.
結び付ける	むすびつける	연결시키다, 관련짓다 二つの事件を結び付けて考える。 두 개의 사건을 관련지어 생각하다.
群がる	むらがる	몰려들다, 떼를 지어 모이다 セールに人が群がる。 세일에 사람들이 몰려들다.
めくる		넘기다 カレンダーをめくる。 달력을 넘기다.
儲かる	もうかる	벌이가 되다, 돈을 벌다, 득을 보다 株で儲かる。 주식으로 돈을 벌다.
儲ける	もうける	돈을 벌다, 이익을 얻다 莫大な金を儲ける。 막대한 돈을 벌다.
設ける	もうける	마련하다, 설치하다 新しい講座を設ける。 새로운 강좌를 마련하다.
申し出る	もうしでる	(의견, 희망을) 신청하다, 제의하다 自ら辞任を申し出る。 스스로 사임을 신청하다.
もがく		발버둥 치다, 안달하다 逃れようとしてもがく。 도망가려고 발버둥 치다.

もくろむ		계획하다, 꾀하다, 꾸미다
		海外市場への進出をもくろむ。
		해외 시장으로의 진출을 꾀하다.

もたらす		가져오다, 초래하다
		利益をもたらす。 이익을 가져오다.

もたれる		기대다, 의지하다
		壁にもたれる。 벽에 기대다.

持ち込む	もちこむ	가지고 들어오다, 반입하다, 가져오다
		車内に荷物を持ち込む。 차내에 짐을 반입하다.

持て余す	もてあます	주체하지 못하다, 처치 곤란이다
		泣く子を持て余す。 우는 아이를 주체하지 못하다.

もてなす		대접하다, 대우하다
		客をもてなす。 손님을 대접하다.

もてる		인기가 있다
		女性にもてる。 여성에게 인기가 있다.

揉む	もむ	비비다, 주무르다
		肩を揉む。 어깨를 주무르다.

揉める	もめる	옥신각신하다
		相続で兄弟が揉める。 상속으로 형제가 옥신각신하다.

催す	もよおす	개최하다, 열다
		展覧会を催す。 전람회를 개최하다.

漏らす	もらす	흘리다, 누설하다
		秘密を漏らす。 비밀을 누설하다.

盛り上がる	もりあがる	분위기가 고조되다
		世論が盛り上がる。 여론이 고조되다.

盛り上げる	もりあげる	분위기를 고조시키다
		雰囲気を盛り上げる。 분위기를 고조시키다.

盛り込む	もりこむ	담다, 포함시키다

斬新なアイデアを製品に盛り込む。
참신한 아이디어를 제품에 담다.

漏れる	もれる	새다, 누설되다

ガスが漏れる。 가스가 새다.

養う	やしなう	양육하다, 부양하다, 기르다

妻子を養う。 처자식을 부양하다.

やつれる		야위다, 초췌해지다

彼は病気で別人のようにやつれていた。
그는 병으로 다른 사람처럼 초췌해졌다.

やり遂げる	やりとげる	해내다, 완수하다

計画をやり遂げる。 계획을 완수하다.

和らぐ	やわらぐ	누그러지다, 가라앉다, 온화해지다

薬を飲んだら、痛みが和らいできた。
약을 먹었더니 통증이 가라앉았다.

歪む	ゆがむ	비뚤어지다, 일그러지다

心が歪んでいる。 마음이 비뚤어져 있다.

行き届く	ゆきとどく	(배려나 주의가) 구석구석까지 미치다, 섬세하다
⊜いきとどく		

行き届いたサービスを提供する。
구석구석까지 미치는 섬세한 서비스를 제공하다.

揺さぶる	ゆさぶる	① 흔들다

両手で木を揺さぶる。 양손으로 나무를 흔들다.

② 동요시키다
心を揺さぶる小説。 마음을 동요시키는 소설.

揺らぐ	ゆらぐ	흔들리다, 동요되다

決意が揺らぐ。 결심이 흔들리다.

揺るがす	ゆるがす	**뒤흔들다, 동요시키다** 消費者の信頼を揺るがすような事件が相次いでいる。 소비자의 신뢰를 뒤흔드는 듯한 사건이 잇따르고 있다.
緩む	ゆるむ	**느슨해지다, 허술해지다** 規制が緩む。 규제가 느슨해지다.
緩める	ゆるめる	**느슨하게 하다, 늦추다** ベルトを緩める。 벨트를 느슨하게 하다.
蘇る	よみがえる	**되살아나다** 記憶が蘇る。 기억이 되살아나다.
略す ⊜省く 생략하다	りゃくす	**줄이다, 생략하다** 詳しい説明は略す。 자세한 설명은 생략하겠다.
論じる	ろんじる	**논하다, 논쟁하다** 法律改正について論じる。 법률 개정에 대해 논하다.
詫びる	わびる	**사과하다, 사죄하다** 自分の過ちを詫びる。 자신의 잘못을 사과하다.
わめく		**큰 소리를 지르다, 소리치다, 소란을 피우다** 大声でわめく。 큰 소리로 소란을 피우다.
割り当てる	わりあてる	**할당하다, 분배하다** 仕事を割り当てる。 일을 할당하다.
割り込む	わりこむ	**끼어들다** 列に割り込む。 줄에 끼어들다.

あくどい		악랄하다, 억척스럽다

あくどい手口。 악랄한 수법.

浅ましい	あさましい	야비하다, 비열하다, 치사하다

根性が浅ましい。 근성이 야비하다.

あっけない		어이없다, 싱겁다

あっけなく敗れる。 어이없이 지다.

あどけない		(아이가) 천진난만하다

子供のあどけない表情をカメラに捉える。
아이의 천진난만한 표정을 카메라에 담다.

粗い	あらい	① 거칠다, 까칠까칠하다

布の手触りが粗い。 천의 감촉이 거칠다.

② 엉성하다, 대략적이다

経費を粗く見積もる。 경비를 대략적으로 어림잡다.

淡い	あわい	엷다, 흐리다, 희미하다

淡いピンクの花が咲いている。
연분홍색 꽃이 피어 있다.

慌ただしい	あわただしい	분주하다, 어수선하다

慌ただしい一日を送る。 분주한 하루를 보내다.

潔い	いさぎよい	깨끗하다, 결백하다, 떳떳하다

潔く責任をとる。 깨끗하게 책임을 지다.

著しい	いちじるしい	뚜렷하다, 두드러지다, 현저하다

技術が著しく進歩する。 기술이 현저하게 진보하다.

卑しい	いやしい	천박하다, 탐욕스럽다

卑しい言葉遣い。 천박한 말투.

いやらしい		불쾌하다, 엉큼하다

いやらしい目つきで見る。 불쾌한 눈초리로 보다.

うさんくさい		수상하다, 미심쩍다

うさんくさい人物。 수상한 인물.

うっとうしい		울적하다

長雨続きでうっとうしい。 비가 계속되어 울적하다.

おびただしい		(수량이) 엄청나다, 굉장하다

おびただしい人が集まる。 엄청난 수의 사람이 모이다.

かしましい		시끄럽다, 떠들썩하다

● やかましい

かしましく騒ぎ立てる。 시끄럽게 소란을 피우다.

軽々しい	かるがるしい	경솔하다, 경박하다

軽々しい行動は慎んでほしい。
경솔한 행동은 삼갔으면 좋겠다.

ぎこちない		(동작, 말 등이) 어색하다, 부자연스럽다

ぎこちなく笑う。 어색하게 웃다.

決まり悪い	きまりわるい	쑥스럽다, 부끄럽다

● 気恥ずかしい

決まり悪そうに頭をかく。
쑥스럽다는 듯이 머리를 긁적이다.

ぎょうぎょうしい		과장되다, 야단스럽다, 호들갑스럽다

かすり傷にもぎょうぎょうしく包帯を巻く。
찰과상에도 호들갑스럽게 붕대를 감다.

興味深い	きょうみぶかい	무척 흥미롭다

それは興味深い話だ。 그것은 무척 흥미로운 이야기이다.

くすぐったい		쑥스럽다

あまりほめられるとくすぐったい。
너무 칭찬 받으면 쑥스럽다.

煙たい	けむたい	① 눈이 따갑다, 맵다

タバコの煙が煙たい。 담배 연기로 눈이 따갑다.

② 부담스럽다, 거북하다

部下にとって、上司は煙たい存在だ。
부하에게 있어 상사는 부담스러운 존재이다.

心地よい	ここちよい	**기분 좋다, 상쾌하다** 心地よい風が吹く。　상쾌한 바람이 분다.
心無い	こころない	**분별이 없다, 생각이 모자라다** 自分の心無い行動で親友を傷つけてしまった。 자신의 분별 없는 행동으로 친구에게 상처를 주고 말았다.
心細い	こころぼそい	**불안하다, 쓸쓸하다** 夜、一人で出かけるのは心細い。 밤에 혼자서 나가는 것은 불안하다.
しぶとい		**끈질기다** しぶとく粘る。　끈질기게 버티다.
清々しい	すがすがしい	**상쾌하다** 清々しい空気。　상쾌한 공기.
すさまじい		**무시무시하다, 굉장하다** 火の勢いがすさまじい。　불의 기세가 무시무시하다.
すばしこい		**민첩하다, 날렵하다** すばしこく走り回る。　날렵하게 뛰어다니다.
素早い	すばやい	**재빠르다, 날쌔다, 민첩하다** 動作が素早い。　동작이 재빠르다.
切ない	せつない	**안타깝다, 애절하다** 人との別れが切ない。　사람과의 이별이 안타깝다.
そっけない		**무뚝뚝하다, 쌀쌀맞다, 퉁명스럽다** そっけない返事をする。　쌀쌀맞게 대답하다.
耐えがたい	たえがたい	**견디기 어렵다** 耐えがたい侮辱を受ける。　견디기 어려운 모욕을 받다.
容易い	たやすい	**쉽다, 용이하다** この問題は容易く解決できるものではない。 이 문제는 쉽게 해결할 수 있는 것이 아니다.

手厚い	てあつい	극진하다, 융숭하다 お客さんを手厚くもてなす。 손님을 극진하게 대접하다.
手痛い	ていたい	심하다, 뼈아프다, 뼈저리다 仕事で手痛いミスをする。 업무에서 뼈아픈 실수를 하다.
でかい		크다 でかい家を建てる。 큰 집을 짓다.
尊い ⊜ 貴い	とうとい	고귀하다, 신성하다 尊い命。 고귀한 생명.
情けない	なさけない	한심하다, 비참하다 情けない結果に終わる。 한심한 결과로 끝나다.
情け深い	なさけぶかい	인정이 많다, 동정심이 많다, 배려심이 많다 彼は情け深い人だ。 그는 인정이 많은 사람이다.
名高い	なだかい	유명하다 この公園は桜で名高い。 이 공원은 벚꽃으로 유명하다.
何気ない	なにげない	별 뜻 없다, 아무렇지 않다, 태연하다 何気ない一言が胸に突きささる。 별 뜻 없는 한마디가 가슴에 비수로 꽂히다.
生臭い	なまぐさい	비릿하다, 비린내가 나다 魚の生臭いにおい。 생선의 비릿한 냄새.
悩ましい	なやましい	괴롭다, 고민스럽다 悩ましい日々を送る。 괴로운 나날을 보내다.
馴れ馴れしい	なれなれしい	허물없다, 매우 친하다, 아주 정답다 馴れ馴れしく話しかける。 허물없이 말을 건네다.
粘り強い	ねばりづよい	끈기 있다, 끈질기다 粘り強く交渉する。 끈기 있게 교섭하다.

望ましい	のぞましい	바람직하다

研修は全員参加が望ましい。
연수는 전원 참가가 바람직하다.

はかない		허무하다, 부질없다, 덧없다

⊖ 空しい

はかない夢を抱く。 부질없는 꿈을 품다.

はかばかしい		순조롭다, 호전되다

事業がはかばかしくない。 사업이 순조롭지 못하다.

華々しい	はなばなしい	화려하다, 눈부시다

華々しく活躍する。 눈부시게 활약하다.

幅広い	はばひろい	폭넓다, 광범위하다

幅広い支持を得る。 폭넓은 지지를 얻다.

久しい	ひさしい	오래되다, 오랜만이다

故郷を離れてから久しい。 고향을 떠난 지 오래이다.

分厚い	ぶあつい	두껍다, 두툼하다

分厚い本を読む。 두꺼운 책을 읽다.

ほほえましい		흐뭇하다

子供たちの遊ぶ姿は見ていてほほえましい。
아이들이 노는 모습은 보고 있으면 흐뭇하다.

紛らわしい	まぎらわしい	혼동하기 쉽다, 헷갈리기 쉽다, 구별하기 어렵다

この漢字は紛らわしい。 이 한자는 헷갈리기 쉽다.

待ち遠しい	まちどおしい	몹시 기다려지다

父の帰国が待ち遠しい。
아버지의 귀국이 몹시 기다려진다.

見苦しい	みぐるしい	보기 흉하다, 꼴사납다

⊖ みっともない

見苦しい服装をする。 꼴사나운 복장을 하다.

みすぼらしい		초라하다, 볼품없다

みすぼらしい家。 초라한 집.

満たない	みたない	부족하다, 기준에 미치지 못하다

この会社の社員数は20人に満たない。
かいしゃ　しゃいんすう　にじゅうにん　み

이 회사의 직원 수는 스무 명에 못 미친다.

空しい	むなしい	허무하다, 공허하다, 헛되다

⊜ はかない

努力も空しくまた失敗した。
ど りょく　むな　　　　　　しっぱい

노력이 허무하게 또 실패했다.

目覚ましい	めざましい	훌륭하다, 눈부시다

目覚ましい進歩を遂げる。 눈부신 진보를 이루다.
め ざ　　　　　しん ぽ　　と

目まぐるしい	めまぐるしい	어지럽다, 변화가 매우 빠르다

株価が目まぐるしく変動する。
かぶ か　　め　　　　　　　へんどう

주가가 어지럽게 변동하다.

申し分ない	もうしぶんない	더할 나위 없다, 나무랄 데 없다

申し分ない成果。 더할 나위 없는 성과.
もう　ぶん　　　　せい か

もどかしい		애타다, 답답하다, 안타깝다

気持ちをうまく表現できなくてとてももどか
き も　　　　　　　ひょうげん
しい。

감정을 제대로 표현할 수 없어서 답답하다.

脆い	もろい	무르다, 약하다

情に脆い。 정에 약하다.
じょう　もろ

ややこしい		복잡하다, 까다롭다

説明がややこしくて分からない。
せつめい　　　　　　　　わ

설명이 복잡해서 모르겠다.

欲深い	よくぶかい	탐욕스럽다, 욕심 많다

人間は欲深い生き物である。
にんげん　よくぶか　い　もの

인간은 욕심 많은 동물이다.

よそよそしい		냉담하다, 서먹서먹하다, 쌀쌀맞다

よそよそしい態度をとる。 냉담한 태도를 취하다.
たい ど

喜ばしい	よろこばしい	기쁘다

喜ばしい結果が出た。 기쁜 결과가 나왔다.
よろこ　　　けっ か　で

煩わしい	わずらわしい	**번거롭다, 성가시다, 귀찮다**
		煩わしい手続きを済ませる。 번거로운 수속을 마치다.
わびしい		**쓸쓸하다**
		わびしい一人暮らし。 쓸쓸한 독신 생활.

圧倒的な	あっとうてきな	압도적인 賛成が圧倒的に多い。 찬성이 압도적으로 많다.
あべこべな		거꾸로인, 뒤바뀐, 반대인 手順があべこべになる。 순서가 뒤바뀌다.
あやふやな		애매한, 불확실한, 불분명한 あやふやな説明では納得できない。 애매한 설명으로는 납득할 수 없다.
哀れな	あわれな	불쌍한, 가련한 彼は哀れな人生を送った。 그는 불쌍한 인생을 살았다.
安価な	あんかな	값싼, 저렴한, 하찮은 安価な同情は無用だ。 값싼 동정은 필요 없다.
粋な	いきな	세련된, 멋진 粋な姿を披露する。 세련된 모습을 보이다.
陰気な	いんきな	음산한, 음침한 陰気な表情でうずくまっている。 음침한 표정으로 웅크리고 있다.
陰湿な	いんしつな	음습한, 음침한 陰湿ないじめを受ける。 음침한 괴롭힘을 당하다.
うつろな		공허한, 텅 빈, 허탈한 うつろな目で眺める。 공허한 눈으로 바라보다.
うやむやな		흐지부지한, 애매한, 유야무야 話し合いがうやむやに終わる。 대화가 흐지부지 끝나다.
円滑な	えんかつな	원활한, 순조로운 交渉が円滑に進む。 교섭이 원활하게 진행되다.
円満な	えんまんな	원만한 万事円満に解決した。 만사를 원만하게 해결했다.

な형용사

171

旺盛な	おうせいな	왕성한 食欲が旺盛になる。 식욕이 왕성해지다.
大げさな	おおげさな	과장된, 요란스러운 彼の話はいつも大げさだ。 그의 이야기는 언제나 과장되어 있다.
おおざっぱな ⊜ 大まかな		대략적인, 대충인 おおざっぱに計算する。 대략적으로 계산하다.
大まかな ⊜ おおざっぱな	おおまかな	대략적인, 대강인 概要を大まかに話す。 개요를 대략적으로 이야기하다.
おおらかな		서글서글한, 여유로운 彼はおおらかな性格の持ち主である。 그는 서글서글한 성격의 소유자이다.
臆病な	おくびょうな	겁이 많은 弟は臆病な性質だ。 남동생은 겁이 많은 성격이다.
厳かな	おごそかな	엄숙한 厳かに式が進む。 엄숙하게 식이 진행되다.
おっくうな		귀찮은, 내키지 않은 人と会うのがおっくうになる。 사람과 만나는 것이 귀찮아지다.
愚かな	おろかな	어리석은, 아둔한 愚かな振る舞いにあきれる。 어리석은 행동에 놀라다.
疎かな	おろそかな	소홀한, 등한시하는 練習を疎かにする。 연습을 소홀히 하다.
温和な	おんわな	온화한, 따뜻한, 부드러운 温和な表情をする。 온화한 표정을 짓다.
画一的な	かくいつてきな	획일적인 画一的に判断せず、個々の事情を考慮する。 획일적으로 판단하지 않고 각각의 사정을 고려하다.

172

格段な	かくだんな	현격한 収益が格段に増える。 수익이 현격하게 증가하다.
格別な	かくべつな	각별한, 특별한 格別な待遇をする。 각별한 대우를 하다.
過酷な	かこくな	가혹한, 너무한 過酷な労働で倒れる。 가혹한 노동으로 쓰러지다.
かすかな		희미한, 어렴풋한 虫の音がかすかに聞こえる。 벌레 소리가 희미하게 들린다.
頑なな	かたくなな	완고한, 고집스런 彼の頑なな態度は変わらなかった。 그의 완고한 태도는 변하지 않았다.
画期的な	かっきてきな	획기적인 画期的な商品が発売された。 획기적인 상품이 발매되었다.
活発な	かっぱつな	활발한 活発な議論が行われる。 활발한 논의가 이루어지다.
過敏な	かびんな	과민한, 지나치게 예민한 過敏な反応を示す。 과민 반응을 보이다.
寡黙な	かもくな	과묵한, 말수가 없는 祖父は寡黙な人だったそうだ。 할아버지는 과묵한 사람이었다고 한다.
簡易な	かんいな	간단하고 쉬운, 간편한, 간이 簡易な手続きを採用する。 간편한 절차를 채택하다.
簡潔な	かんけつな	간결한 要点を簡潔に述べる。 요점을 간결하게 말하다.
頑固な	がんこな	완고한 頑固な人の説得は難しい。 완고한 사람을 설득하는 것은 어렵다.

閑静な	かんせいな	한적한, 조용한
		閑静なところに引っ越す。 한적한 곳으로 이사하다.

簡素な	かんそな	간소한
		結婚式を簡素に行う。 결혼식을 간소하게 거행하다.

寛大な	かんだいな	관대한, 너그러운
		寛大な心で許す。 관대한 마음으로 용서하다.

完璧な	かんぺきな	완벽한
		完璧に仕上げる。 완벽하게 마무리하다.

肝要な ● 肝心な	かんような	중요한, 꼭 필요한
		何事にも辛抱が肝要だ。 무슨 일이든 인내가 중요하다.

寛容な	かんような	너그러운
		寛容な態度で接する。 너그러운 태도로 응대하다.

気軽な	きがるな	가벼운, 부담 없는
		気軽に引き受ける。 부담 없이 맡다.

気障な	きざな	아니꼬운, 비위에 거슬리는
		上品ぶって気障なことを言う。 고상한 체하며 비위에 거슬리는 말을 하다.

几帳面な	きちょうめんな	꼼꼼한
		彼の几帳面なところが好きだ。 그의 꼼꼼한 점이 좋다.

気長な	きながな	느긋한
		結果を気長に待つ。 결과를 느긋하게 기다리다.

気まぐれな	きまぐれな	변덕스러운
		晩秋の天気は気まぐれで困る。 늦가을 날씨는 변덕스러워서 곤란하다.

生真面目な	きまじめな	고지식한
		生真面目すぎて柔軟性に欠ける。 너무 고지식해서 유연성이 부족하다.

気ままな	きままな	마음 내키는 대로, 자유롭게
		仕事を辞めて、気ままな生活をする。
		일을 그만두고 자유롭게 생활하다.
華奢な	きゃしゃな	가냘픈, 섬세한
		華奢な指で毛糸を編む。 가냘픈 손가락으로 털실을 뜨다.
窮屈な	きゅうくつな	비좁은, 답답한
		窮屈な部屋。 비좁은 방.
急速な	きゅうそくな	급속한, 급격한
		急速な円高を懸念する。 급속한 엔고 현상을 우려하다.
強硬な	きょうこうな	강경한
		強硬に反対する。 강경하게 반대하다.
強烈な	きょうれつな	강렬한, 강력한
		強烈な印象を与える。 강렬한 인상을 주다.
清らかな	きよらかな	맑은, 때 묻지 않은
		夜空に星が清らかに輝く。 밤하늘에 별이 맑게 빛나다.
きらびやかな		휘황찬란한, 화려한, 현란한
		会場をきらびやかに飾りつける。
		회장을 휘황찬란하게 장식하다.
均等な	きんとうな	균등한
		利益を均等に分ける。 이익을 균등하게 나누다.
勤勉な	きんべんな	근면한
		勤勉な態度で仕事をこなす。
		근면한 태도로 일을 처리하다.
緊密な	きんみつな	긴밀한
		緊密に連絡をとる。 긴밀히 연락을 취하다.
軽快な	けいかいな	경쾌한
		軽快な音楽が流れる。 경쾌한 음악이 흐르다.

な형용사

軽率な	けいそつな	**경솔한**

軽率な言動で他人を傷つける。
경솔한 언행으로 다른 사람을 상처 입히다.

厳格な	げんかくな	**엄격한**

厳格に審査する。　엄격하게 심사하다.

堅実な	けんじつな	**견실한, 착실한**

堅実な生活をする。　착실한 생활을 하다.

厳正な	げんせいな	**엄정한**

応募作品を厳正に審査する。
응모 작품을 엄정하게 심사하다.

健全な	けんぜんな	**건전한**

社会の健全な発展を目指す。
사회의 건전한 발전을 지향하다.

顕著な	けんちょな	**현저한, 뚜렷한, 두드러진**

文化の違いが食生活に顕著に現れる。
문화의 차이가 식생활에 두드러지게 나타나다.

厳密な	げんみつな	**엄밀한**

厳密に区別する。　엄밀하게 구별하다.

賢明な	けんめいな	**현명한**

すぐに謝ったほうが賢明だと思う。
바로 사과하는 편이 현명하다고 생각한다.

豪快な	ごうかいな	**호쾌한**

彼は、楽しいときはいつも豪快に笑う。
그는 즐거울 때는 언제나 호쾌하게 웃는다.

高尚な	こうしょうな	**고상한**

高尚な趣味を持つ。　고상한 취미를 갖다.

広大な	こうだいな	**광대한**

広大な牧場で牛を飼育する。
광대한 목장에서 소를 사육하다.

巧妙な	こうみょうな	교묘한

巧妙な手口に引っかかる。 교묘한 수법에 걸려들다.

克明な	こくめいな	충실한, 세밀한, 분명한

震災の被害状況を克明に記録する。

지진의 피해 상황을 세밀하게 기록하다.

こっけいな		우스꽝스러운

こっけいなことを言って人を笑わせる。

우스꽝스러운 말을 해서 사람을 웃기다.

孤独な	こどくな	고독한, 외톨이인

孤独な生涯を送る。 고독한 생애를 보내다.

細やかな ⊜ 濃やかな	こまやかな	섬세한, 자상한, 세심한

細やかな心配りに感謝する。

섬세한 배려에 감사하다.

ささいな		사소한, 하찮은, 별것 아닌

これは私にとってささいな問題だ。

이것은 나에게 사소한 문제이다.

早急な ⊜ そうきゅうな	さっきゅうな	시급한

早急に連絡をとる。 시급하게 연락을 취하다.

残酷な	ざんこくな	잔혹한, 잔인한

弱い者を残酷にいじめる。 약자를 잔인하게 괴롭히다.

斬新な	ざんしんな	참신한

彼女はいつも斬新なアイデアを出す。

그녀는 언제나 참신한 아이디어를 낸다.

質素な	しっそな	검소한

質素に暮らす。 검소하게 생활하다.

淑やかな ⊜ 優美な	しとやかな	정숙한, 얌전한, 우아한

着物姿で淑やかに歩く。 기모노 차림으로 우아하게 걷다.

しなやかな		유연한, 부드러운, 우아한

しなやかに踊る。 우아하게 춤추다.

従順な	じゅうじゅんな	순종적인

犬は主人に従順な動物だ。
개는 주인에게 순종적인 동물이다.

詳細な	しょうさいな	상세한, 자세한

詳細な報告を受ける。 상세한 보고를 받다.

尋常な	じんじょうな	평범한, 보통인

尋常な手段では解決しない。
평범한 방법으로는 해결되지 않는다.

神聖な	しんせいな	신성한

ここは神聖な場所だ。 이 곳은 신성한 장소이다.

迅速な	じんそくな	신속한

問題に迅速に対処する。 문제에 신속히 대처하다.

親密な	しんみつな	친밀한

親密な関係を築く。 친밀한 관계를 구축하다.

健やかな	すこやかな	건강한

健やかに育つ。 건강하게 자라다.

速やかな	すみやかな	신속한, 빠른

速やかな対策を望む。 신속한 대책을 바라다.

精巧な	せいこうな	정교한

精巧な細工を施す。 정교한 세공을 하다.

清純な	せいじゅんな	청순한, 맑고 깨끗한

清純なイメージを持つ。 청순한 이미지를 지니다.

盛大な	せいだいな	성대한, 거창한

パーティーは盛大に行われた。
파티는 성대하게 거행되었다.

正当な	せいとうな	**정당한**
		正当な権利を主張する。 정당한 권리를 주장하다.

精密な	せいみつな	**정밀한**
		重量を精密に量る。 중량을 정밀하게 재다.

精力的な	せいりょくてきな	**정력적인, 적극적인**
		精力的に仕事に取り組む。 적극적으로 일에 몰두하다.

切実な	せつじつな	**절실한**
		親友に切実な悩みを打ち明ける。
		친구에게 절실한 고민을 털어놓다.

絶大な	ぜつだいな	**매우 큰, 지대한, 굉장한**
		若者の間で絶大な人気を誇る。
		젊은이들 사이에서 굉장한 인기를 자랑하다.

繊細な	せんさいな	**섬세한**
		彼女は繊細な感性の持ち主である。
		그녀는 섬세한 감성의 소유자이다.

全面的な	ぜんめんてきな	**전면적인**
		法律を全面的に改正する。 법률을 전면적으로 개정하다.

善良な	ぜんりょうな	**선량한**
		善良な市民の生活を守る。
		선량한 시민의 생활을 지키다.

壮健な	そうけんな	**건강한**
		壮健に暮らす。 건강하게 살다.

相対的な	そうたいてきな	**상대적인**
		物事を相対的に見る。 매사를 상대적으로 보다.

壮大な	そうだいな	**장대한, 웅장한**
		壮大な山々が連なる。 웅장한 산들이 이어져 있다.

ぞんざいな		**무성의한, 소홀한**
		仕事をぞんざいにする。 일을 무성의하게 하다.

怠惰な	たいだな	나태한, 게으른
		怠惰な生活を送る。 나태한 생활을 하다.

大胆な	だいたんな	대담한, 겁 없는
		大胆な性格で思い切ったことをする。 대담한 성격으로 과감한 일을 하다.

対等な	たいとうな	대등한, 동등한
		対等な立場で話し合う。 대등한 입장에서 서로 이야기하다.

多角的な	たかくてきな	다각적인, 여러 방면에 걸친
		多角的な経営に乗り出す。 다각적인 경영에 적극적으로 나서다.

巧みな ⊜巧妙な	たくみな	교묘한, 능숙한
		巧みな演技を披露する。 능숙한 연기를 보여주다.

達者な	たっしゃな	능숙한, 능란한
		達者に英語を話す。 능숙하게 영어를 말하다.

多忙な	たぼうな	매우 바쁜
		多忙な毎日を過ごす。 매우 바쁜 나날을 보내다.

多様な	たような	다양한
		多様な商品を扱う。 다양한 상품을 취급하다.

単調な	たんちょうな	단조로운
		刺激のない単調な毎日が続く。 자극이 없는 단조로운 나날이 계속되다.

端的な	たんてきな	단적인, 간단하고 분명한
		この文は彼の思想を端的に表している。 이 문장은 그의 사상을 단적으로 나타내고 있다.

丹念な ⊜入念な	たんねんな	정성스러운, 꼼꼼한
		資料を一つ一つ丹念に調べる。 자료를 하나하나 꼼꼼하게 조사하다.

忠実な	ちゅうじつな	충실한
		任務を忠実に遂行する。 임무를 충실히 수행하다.

中途半端な	ちゅうとはんぱな	어중간한, 엉거주춤한
⇔半端な		中途半端な妥協はしない。
		어중간한 타협은 하지 않겠다.

著名な	ちょめいな	저명한, 유명한
		著名な人物の伝記を書く。 저명한 인물의 전기를 쓰다.

痛快な	つうかいな	통쾌한
		9回裏に痛快なホームランが出た。
		9회 말에 통쾌한 홈런이 나왔다.

痛切な	つうせつな	통절한, 절실한
		資金不足を痛切に感じる。 자금 부족을 절실하게 느끼다.

痛烈な	つうれつな	통렬한, 호된
		評論家から痛烈な批判を受ける。
		평론가로부터 통렬한 비판을 받다.

月並な	つきなみな	흔해 빠진, 평범한, 진부한
		月並なアイデアでは駄目だ。
		흔해 빠진 아이디어로는 안 된다.

つぶらな		둥근, 둥글고 귀여운
		つぶらな瞳がかわいい。 둥근 눈망울이 귀엽다.

手薄な	てうすな	수중에 금품이 적은, 부족한, 모자란
		所持金が手薄になる。 수중에 지닌 돈이 부족해지다.

適宜な	てきぎな	적당한, 시의적절한
		適宜な処置をとる。 적당한 조치를 취하다.

適正な	てきせいな	적정한
		適正な評価を下す。 적정한 평가를 내리다.

手頃な	てごろな	알맞은, 적당한
		手頃な値段のコートを探す。
		적당한 가격의 코트를 찾다.

鈍感な	どんかんな	둔감한

鈍感だから皮肉が通じない。

둔감해서 비꼬는 게 통하지 않는다.

滑らかな	なめらかな	매끄러운, 유창한

滑らかな英語を話す。 유창한 영어를 구사하다.

入念な	にゅうねんな	꼼꼼한, 면밀한
⊜ 丹念な		

入念に調査を行った。 꼼꼼하게 조사를 실시했다.

にわかな		갑작스러운

にわかに天候が変わる。 갑작스럽게 날씨가 바뀌다.

のどかな		한가로운, 느긋한, 여유로운

田舎でのどかに暮らす。 시골에서 한가롭게 지내다.

排他的な	はいたてきな	배타적인

排他的な考えを捨てる。 배타적인 생각을 버리다.

華やかな	はなやかな	화려한

舞台は華やかで、観客を楽しませた。

무대는 화려해서 관객을 즐겁게 했다.

はるかな		아득한, 까마득한, 훨씬

予想をはるかに上回る。 예상을 훨씬 웃돌다.

煩雑な	はんざつな	번잡한, 번거로운

煩雑な手続きを専門家に依頼する。

번거로운 수속을 전문가에게 의뢰하다.

半端な	はんぱな	어중간한, 애매한
⊜ 中途半端な		

タクシーで行くには半端な距離だ。

택시로 가기에는 어중간한 거리이다.

卑怯な	ひきょうな	비겁한

高橋さんは、そんな卑怯なやり方はしませんよ。

다카하시 씨는 그런 비겁한 방법은 하지 않아요.

悲惨な	ひさんな	비참한
		ひ さん こう けい もく げき 悲惨な光景を目撃する。 비참한 광경을 목격하다.

密かな	ひそかな	은밀한, 몰래
		よる おそ いえ で 夜遅くひそかに家を出る。 밤늦게 몰래 집을 나오다.

ひたむきな		한결같은, 전념하는
		ど りょく み むす ひたむきな努力が実を結ぶ。 한결같은 노력이 결실을 맺다.

否定的な	ひていてきな	부정적인
		ひ てい てき けん かい しめ 否定的な見解を示す。 부정적인 견해를 나타내다.

批判的な	ひはんてきな	비판적인
		ひ はん てき たい ど 批判的な態度をとる。 비판적인 태도를 취하다.

微妙な	びみょうな	미묘한
		いろ び みょう ちが 色が微妙に違う。 색이 미묘하게 다르다.

敏感な	びんかんな	민감한
		びん かん はん のう 敏感に反応する。 민감하게 반응하다.

貧弱な	ひんじゃくな	빈약한, 볼품없는
		ぶん しょう ない よう ひん じゃく 文章の内容が貧弱だ。 문장의 내용이 빈약하다.

頻繁な	ひんぱんな	빈번한, 잦은
		ひん ぱん れん らく 頻繁に連絡をとる。 빈번하게 연락을 취하다.

不可欠な	ふかけつな	불가결한, 필수적인
		みず い ふ か けつ 水は生きていくのに不可欠なものだ。 물은 살아가는 데 불가결한 것이다.

不機嫌な	ふきげんな	기분이 좋지 않은, 언짢은
		かの じょ ふ き げん かお 彼女は不機嫌そうな顔をしている。 그녀는 언짢은 듯한 얼굴을 하고 있다.

不吉な	ふきつな	불길한
		ふ きつ よ かん 不吉な予感がする。 불길한 예감이 들다.

不自然な	ふしぜんな	부자연스러운, 억지스러운
		演技が不自然に見える。 연기가 부자연스럽게 보인다.

不十分な	ふじゅうぶんな	불충분한, 충분하지 못한
		この公園は設備が不十分である。
		이 공원은 설비가 충분하지 못하다.

不順な	ふじゅんな	불순한, 순조롭지 못한, 좋지 않은
		今年は天候が不順である。 올해는 날씨가 좋지 않다.

不審な	ふしんな	의심스러운, 수상한
		不審な人物を逮捕する。 수상한 인물을 체포하다.

不当な	ふとうな	부당한
		不当な差別を受ける。 부당한 차별을 받다.

無難な	ぶなんな	무난한
		無難な選択をする。 무난한 선택을 하다.

不用意な	ふよういな	부주의한, 조심성 없는, 준비되지 않은
		不用意な発言を謝る。 조심성 없는 발언을 사과하다.

無礼な	ぶれいな	무례한, 실례인
		先輩に無礼な言葉を吐く。
		선배에게 무례한 말을 내뱉다.

ふんだんな		충분한, 넉넉한
		ふんだんな資金力を持つ。 충분한 자금력을 지니다.

へとへとな		기진맥진한, 몹시 지친
		一日中歩いて、へとへとに疲れた。
		하루 종일 걸어서 기진맥진했다.

豊潤な	ほうじゅんな	풍요로운, 풍족하고 윤택한
		温暖な気候と豊潤な資源に恵まれる。
		온난한 기후와 풍요로운 자원의 혜택을 받다.

膨大な	ぼうだいな	방대한, 막대한
		開発には膨大な費用が必要になる。
		개발에는 방대한 비용이 필요해진다.

朗らかな	ほがらかな	명랑한, 쾌활한 朗らかに笑う。 명랑하게 웃다.
保守的な	ほしゅてきな	보수적인 うちの父は保守的だ。 우리 아버지는 보수적이다.
奔放な	ほんぽうな	분방한 彼女は奔放な性格の持ち主だ。 그녀는 분방한 성격의 소유자이다.
前向きな	まえむきな	긍정적인, 적극적인 前向きに考える。 긍정적으로 생각하다.
まばらな		드문드문한, 뜸한 店内に客の姿はまばらだった。 가게에 손님의 모습은 뜸했다.
未熟な	みじゅくな	미숙한, 어설픈 舞台に立つにはまだ演技が未熟だ。 무대에 서기에는 아직 연기가 미숙하다.
身近な	みぢかな	가까운, 관계 깊은 ごみ処理は住民に身近な問題だ。 쓰레기 처리는 주민에게 관계 깊은 문제이다.
無意味な	むいみな	무의미한, 의미 없는 努力は無意味に終わった。 노력은 무의미하게 끝났다.
無邪気な	むじゃきな	순진한, 천진난만한 子供のように無邪気に笑う。 아이처럼 천진난만하게 웃다.
無神経な	むしんけいな	무신경한, 둔감한 無神経な発言をする。 무신경한 발언을 하다.
無造作な	むぞうさな	손쉬운, 공들이지 않은, 아무렇게나 帽子を無造作にかぶる。 모자를 아무렇게나 쓰다.
無駄な	むだな	쓸데없는, 불필요한, 헛된 無駄な出費を抑える。 불필요한 지출을 억제하다.

형용사

無茶な	むちゃな	무리한, 터무니없는, 어거지인
		無茶な使い方をすると壊れる。 무리하게 사용하면 고장 난다.

無謀な	むぼうな	무모한
		この計画は無謀であり見直すべきだ。 이 계획은 무모하며 재검토해야 한다.

明快な	めいかいな	명쾌한
		明快な論理で反論する。 명쾌한 논리로 반론하다.

明瞭な	めいりょうな	명료한, 분명한
		明瞭な発音で分かりやすく話す。 명료한 발음으로 알기 쉽게 말하다.

明朗な	めいろうな	명랑한
		彼は明朗な性格の持ち主だ。 그는 명랑한 성격의 소유자이다.

綿密な	めんみつな	면밀한, 치밀한
		綿密に計画を立てる。 면밀하게 계획을 세우다.

猛烈な	もうれつな	맹렬한
		火が猛烈な勢いで広がる。 불이 맹렬한 기세로 확산되다.

厄介な	やっかいな	귀찮은, 성가신
		厄介な問題が起きた。 귀찮은 문제가 생겼다.

憂鬱な	ゆううつな	우울한
		毎日雨ばかりで憂鬱だ。 매일 비만 내려서 우울하다.

有益な	ゆうえきな	유익한, 도움이 되는
		社会に有益な事業を援助する。 사회에 유익한 사업을 원조하다.

勇敢な	ゆうかんな	용감한
		苦難の時代を勇敢に生き抜く。 고난의 시대를 용감하게 살아가다.

優柔不断な	ゆうじゅうふだんな	우유부단한, 결단력이 없는
		優柔不断な態度を非難する。 우유부단한 태도를 비난하다.
優勢な	ゆうせいな	우세한
		試合を優勢に進める。 시합을 우세하게 진행하다.
悠長な	ゆうちょうな	느긋한, 느릿느릿한, 여유로운
		そんな悠長な話はしていられない。 그렇게 느긋한 이야기는 하고 있을 수 없다.
優美な ⊜ 淑やかな	ゆうびな	우아한
		和服姿で優美に振る舞う。 일본 전통옷 차림으로 우아하게 행동하다.
有望な	ゆうぼうな	유망한, 전망이 있는
		アジアはこれから有望な市場になる。 아시아는 앞으로 유망한 시장이 될 것이다.
緩やかな	ゆるやかな	완만한, 느슨한, 관대한
		緩やかな坂道を登る。 완만한 비탈길을 오르다.
良好な	りょうこうな	양호한
		取引先と良好な関係を築く。 거래처와 양호한 관계를 쌓다.
良質な	りょうしつな	양질의, 질이 좋은
		良質なサービスを供給する。 양질의 서비스를 공급하다.
冷酷な	れいこくな	냉혹한, 무자비한
		冷酷にリストラを実行する。 냉혹하게 정리 해고를 실행하다.
冷淡な	れいたんな	냉담한, 무관심한, 쌀쌀맞은
		勝手にしろと冷淡に言う。 마음대로 하라고 냉담하게 말하다.
露骨な	ろこつな	노골적인
		悪口を露骨に言う。 험담을 노골적으로 하다.

부사

あえて		굳이, 무리하게, 구태여 あえて危険を冒す。 굳이 위험을 무릅쓰다.
あっさり		시원스럽게, 깔끔하게, 깨끗하게 試合にあっさりと負ける。 시합에 깨끗하게 지다.
ありあり		뚜렷이, 역력히, 생생히, 선명하게 昔の思い出がありありと浮かんできた。 옛 추억이 생생히 떠올랐다.
案の定 ⊖ はたして 역시	あんのじょう	아니나 다를까, 예상했던 대로 結果は案の定だった。 결과는 예상했던 대로였다.
いかなる		어떠한 〈연체사〉 いかなる犠牲を払ってもやり遂げる。 어떠한 희생을 치르더라도 완수하겠다.
いかに		① 아무리, 얼마나 いかに苦しくても我慢する。 아무리 괴로워도 참는다. ② 어떻게 人生をいかに生きるべきか。 인생을 어떻게 살아야 할 것인가?
いかにも		① 매우, 정말로 いかにも苦しそうだ。 매우 괴로운 듯하다. ② 과연, 확실하게 いかにも君らしいね。 과연 자네답군.
幾度	いくど	여러 번, 몇 번이나 幾度声をかけても返事がない。 여러 번 말을 걸어도 대답이 없다.
依然 ➕依然として 여전히	いぜん	여전히 問題は依然未解決のままだ。 문제는 여전히 미해결인 상태이다.

至って	いたって	**지극히, 매우, 대단히** 子供は至って元気です。 아이는 매우 건강합니다.
一概に	いちがいに	**한 마디로, 무조건, 하나같이** 一概に悪いとは言えない。 무조건 나쁘다고는 말할 수 없다.
一挙に	いっきょに	**일거에, 한꺼번에, 한 번에** 問題を一挙に解決する。 문제를 한꺼번에 해결하다.
一見	いっけん	**언뜻 보기에** 一見難しそうに見える。 언뜻 보기에 어려워 보인다.
一向に	いっこうに	**전혀, 조금도** 話が一向に進まない。 이야기가 전혀 진전되지 않는다.
いとも		**매우, 아주, 지극히** 様々な情報をいとも簡単に入手できる。 다양한 정보를 매우 간단히 입수할 수 있다.
今更	いまさら	**이제 와서, 새삼스럽게** 今更慌てても仕方がない。 이제 와서 허둥대도 어쩔 수 없다.
未だ	いまだ	**아직도, 지금껏, 여지껏** 事故の原因は未だはっきりしない。 사고의 원인은 아직도 확실치 않다.
いやいや ⊜ しぶしぶ		**마지못해, 하는 수 없이** いやいや承諾する。 마지못해 승낙하다.
否応なしに	いやおうなしに	**마지못해, 다짜고짜** 否応なしに飲み会に参加する。 마지못해 술자리에 참석하다.
いやに		**몹시, 매우** いやに頭が痛い。 몹시 머리가 아프다.

うずうず		근질근질, 좀이 쑤심
		遊^{あそ}びに行^いきたくてうずうずしている。
		놀러 가고 싶어서 좀이 쑤신다.

うんざり		지긋지긋함, 진절머리가 남, 지겨움
		長電話^{ながでんわ}にうんざりする。 긴 전화에 진절머리가 나다.

大方	おおかた	거의, 대략, 대부분
		仕事^{しごと}は大方片^{おおかたかた}づいた。 일은 거의 정리되었다.

おおむね		대체로, 대부분
		説明^{せつめい}の内容^{ないよう}はおおむね理解^{りかい}できた。
		설명의 내용은 대체로 이해되었다.

おどおど		주저주저, 흠칫흠칫, 안절부절
		おどおどと辺^{まわ}りを見回^{みまわ}す。
		안절부절하며 주위를 둘러보다.

各々	おのおの	각각, 각자
		各々^{おのおの}意見^{いけん}を述^のべる。 각자 의견을 말하다.

自ずから ⊜自^{おの}ずと	おのずから	저절로, 자연히
		時^{とき}が来^くれば、自^{おの}ずから分^わかる。
		때가 오면 저절로 알게 된다.

自ずと ⊜自^{おの}ずから	おのずと	저절로, 자연히
		よく読^よめば自^{おの}ずと理解^{りかい}できる。
		잘 읽으면 자연히 이해된다.

折り返し	おりかえし	즉시, 바로
		折^おり返^{かえ}し電話^{でんわ}します。 바로 전화드리겠습니다.

確たる ⊜確^{かく}	かくたる	확실한 〈연체사〉
		確^{かく}たる証拠^{しょうこ}はない。 확실한 증거는 없다.

かつ		게다가, 그리고, 또 〈접속사〉
		よく学^{まな}び、かつよく遊^{あそ}ぶ。
		열심히 배우고, 그리고 잘 논다.

がっくり	① 맥없이, 푹, 탁(갑자기 낙심하거나 기운을 잃는 모습) 失敗にがっくりする。 실패로 낙심하다. ② 뚝(급격히 쇠퇴하는 모습) 客足ががっくりと減る。 손님이 뚝하고 줄어들다.
がっしり ⊜ がっちり	튼튼히, 다부지게 がっしりとした体格。 다부진 체격.
がっちり ⊜ がっしり	① 꽉, 단단히(빈틈없이 결합된 모습) がっちりと手を握る。 단단히 손을 잡다. ② 튼튼히, 다부지게 がっちりした体。 다부진 몸.
かつて	① 일찍이, 예전에 かつて大阪に住んでいた。 예전에 오사카에 살았었다. ② 이제껏(~ない가 뒤따름) かつてない大成功を収める。 이제껏 없었던 대성공을 거두다.
かねがね ⊜ かねて	진작부터, 미리, 전부터 かねがねお会いしたいと思っていました。 진작부터 만나 뵙고 싶다고 생각하고 있었습니다.
かねて ⊜ かねがね	진작부터, 미리, 전부터 かねてより予期していたことだ。 진작부터 예측하고 있던 일이다.
がやがや	왁자지껄, 와글와글 教室の中ががやがやしている。 교실 안이 왁자지껄하다.
がらりと	싹, 확(갑자기 모두 바뀌는 모습) 町の様子はがらりと変わっていた。 거리의 모습은 확 달라져 있었다.

仮に	かりに	만일, 만약

仮に招待されても出席する気はない。

만약 초대를 받더라도 출석할 생각은 없다.

かろうじて		간신히, 가까스로

かろうじて最終電車に間に合った。

간신히 마지막 열차 시간에 맞췄다.

代わる代わる	かわるがわる	번갈아, 교대로

🔵 交互に

出席者が代わる代わる意見を述べた。

출석자가 번갈아 가며 의견을 말했다.

元来	がんらい	원래

🔵 もともと

この時計は元来父の物だ。

이 시계는 원래 아버지의 물건이다.

ぎくしゃく		삐끗삐끗, 서먹서먹(순조롭지 못한 모습)

友達との関係がぎくしゃくしている。

친구와의 관계가 서먹서먹하다.

きっかり		딱, 정확하게

🔵 ちょうど, きっちり

きっかり約束の時間に来る。

정확하게 약속 시간에 오다.

きっちり		① 빈틈없이, 꽉

🔵 ぴったり

ふたをきっちりと閉める。 뚜껑을 꽉 닫다.

② 딱, 정확하게

🔵 きっかり

きっちりと2時に開会する。 정확하게 2시에 개회하다.

急遽	きゅうきょ	급거, 갑작스레, 갑자기, 서둘러

🔵 急いで

急遽出張に行くことになった。

갑자기 출장을 가게 되었다.

極力	きょくりょく	힘껏, 가능하면

争いは極力避けたい。 분쟁은 가능하면 피하고 싶다.

極めて	きわめて	지극히, 매우

解決は極めて難しい。 해결은 매우 어렵다.

くっきり		선명하게, 뚜렷하게, 또렷이
		遠<ruby>遠<rt>とお</rt></ruby>くの山<ruby>山<rt>やま</rt></ruby>がくっきり見<ruby>見<rt>み</rt></ruby>える。 먼 산이 선명하게 보인다.

くっきり — 선명하게, 뚜렷하게, 또렷이
遠くの山がくっきり見える。 먼 산이 선명하게 보인다.

ぐっと — ① 힘껏, 꿀꺽
ビールをぐっと飲む。 맥주를 꿀꺽 마시다.

② 울컥, 뭉클(강한 감정)
胸にぐっと来た。 가슴이 뭉클해졌다.

くまなく — 빠짐없이, 샅샅이, 구석구석까지
家中をくまなく捜す。 집 전체를 샅샅이 찾았다.

くよくよ — 끙끙(고민하는 모습)
あまりくよくよするな。 너무 고민하지 마.

決して けっして — 결코
決してうそは言いません。
결코 거짓말은 하지 않습니다.

げっそり — 홀쭉하게
病気をしてげっそりとやせる。
병을 앓아 홀쭉하게 여위다.

こうこう — 반짝반짝하게, 환하게
電灯がこうこうと輝く。 전등이 환하게 빛나다.

交互に こうごに — 번갈아, 교대로
●代わる代わる
交互に意見を述べる。 교대로 의견을 말하다.

ことごとく — 모두, 전부
●すべて
意見がことごとく対立する。 의견이 모두 대립하다.

殊に ことに — 특히
●特に, とりわけ
今年の夏は殊に暑い。 올 여름은 특히 덥다.

こりごり — 지긋지긋함, 넌더리가 남
こんな仕事はもうこりごりだ。
이런 일은 이제 지긋지긋하다.

부사

さぞ		틀림없이, 필시, 분명
⊜ さぞかし, きっと		さぞびっくりしたことだろう。 분명 놀랐을 것이다.

さっと		휙, 재빨리
		さっと身を隠す。 재빨리 몸을 숨기다.

さっぱり		① 산뜻함, 말끔함, 상쾌함, 후련함
		試験が終わってさっぱりした。 시험이 끝나 후련하다.
		② 전혀, 조금도
		さっぱり分からない。 전혀 모르겠다.

さほど		그다지, 그렇게
⊜ それほど, 大して		さほどひどい病気ではない。 그다지 심각한 병은 아니다.

さも		정말로, 아주, 너무나
⊜ いかにも		さも嬉しそうに笑う。 아주 기쁜 듯이 웃다.

ざらざら		까칠까칠, 꺼끌꺼끌(거칠고 윤기없는 모습)
		窓を開けていたら、床がざらざらになった。 창문을 열어두었더니 바닥이 꺼끌꺼끌해졌다.

強いて	しいて	굳이, 억지로
⊜ あえて, 無理に		いやなら、強いてすることはない。 싫다면 굳이 할 필요는 없다.

しかしながら		그렇지만, 하지만 〈접속사〉
⊜ しかし		計画はよい。しかしながらお金がない。 계획은 좋다. 그렇지만 돈이 없다.

至急	しきゅう	시급히, 서둘러
		至急来てほしい。 시급히 왔으면 한다.

しきりに		자꾸만, 끊임없이, 계속
		しきりにベルが鳴る。 끊임없이 벨이 울리다.

じたばた		바둥바둥, 발버둥 치는 모습
		今になってじたばたしてもしかたない。 이제 와서 발버둥 쳐도 소용없다.

じっくり		차분히, 곰곰이

じっくりと考える。 차분히 생각하다.

実に	じつに	실로, 정말
⊜本当に, 誠に		

この料理は実にうまい。 이 요리는 정말 맛있다.

じめじめ		① 축축한

梅雨でじめじめとした天気が続いている。
장마로 축축한 날씨가 계속되고 있다.

② 음침한, 어두운

彼はじめじめとした性格の持ち主だ。
그는 음침한 성격의 소유자이다.

若干	じゃっかん	약간, 다소, 얼마간
⊜多少, 少し		

若干不安が残る。 약간 불안이 남다.

終始	しゅうし	시종, 계속
⊜ずっと		

終始沈黙を守る。 시종 침묵을 지키다.

順繰りに	じゅんぐりに	순서대로, 차례대로

順繰りに発言する。 순서대로 발언하다.

しょっちゅう		노상, 언제나
⊜常に		

しょっちゅう遅刻をする。 언제나 지각을 한다.

じわじわ		서서히

インフレの影響がじわじわと出始める。
인플레이션의 영향이 서서히 나타나기 시작하다.

しんなり		부드럽게

野菜をゆでてしんなりさせる。
채소를 삶아 부드럽게 만들다.

随時	ずいじ	수시로, 그때그때

随時アルバイトを募集する。
수시로 아르바이트를 모집하다.

ずばり		정확히

予想がずばり的中する。 예상이 정확히 적중하다.

すべすべ		매끈매끈, 반질반질
		入浴後は肌がすべすべになる。 목욕 후에는 피부가 매끈매끈해진다.
ずらっと ⊜ずらりと		죽, 줄줄이
		ずらっと並ぶ。 죽 늘어서다.
ずるずる		질질(물건을 끌거나 시간을 끄는 모습)
		返事をずるずると延ばす。 답장을 질질 끌다.
すんなり		순조롭게, 술술, 수월히
		すんなりと決まる。 순조롭게 결정되다.
精一杯	せいいっぱい	힘껏, 최대한
		精一杯努力する。 힘껏 노력하다.
せいぜい		고작, 기껏해야
		集まっても、せいぜい10人ぐらいだ。 모여봤자 고작 10명 정도이다.
整然と	せいぜんと	정연하게, 질서 있게
		整然と並ぶ。 질서 있게 줄 서다.
せかせか		후다닥후다닥, 부산하게
		彼はいつもせかせかと動き回る。 그는 항상 부산하게 돌아다닌다.
総じて	そうじて	대체로, 일반적으로
		今年の夏は総じて雨が多かった。 올 여름은 대체로 비가 많았다.
騒然と	そうぜんと	어수선하게, 소란스럽게
		思わぬ出来事に、騒然となる。 뜻하지 않은 일로 어수선해지다.
即刻	そっこく	즉각, 즉시
		会長の即刻辞任を強く求める。 회장의 즉각 사임을 강력히 요구하다.

それゆえ		**그러므로 〈접속사〉** 自転車の事故が多い。それゆえ注意してほしい。 자전거 사고가 많다. 그러므로 주의했으면 좋겠다.
そわそわ		**안절부절못함, 초조해함** そわそわしながら発表時間を待つ。 초조해하며 발표 시간을 기다리다.
大概	たいがい	**대개, 대부분** 休みの日は大概家にいます。 휴일은 대개 집에 있습니다.
大層	たいそう	**매우, 굉장히** 今朝は大層寒い。 오늘 아침은 매우 춥다.
断じて	だんじて	**결코, 단연코** 他人をいじめることは、断じて許されない。 남을 괴롭히는 일은 결코 용납될 수 없다.
断然	だんぜん	**① 단호하게** 私は断然反対だ。 나는 단호하게 반대한다. **② 월등히, 단연** こちらの方が断然得だ。 이쪽이 단연 이득이다.
ちやほや		**오냐오냐함, 비위를 맞춤** 子供をちやほやする。 아이를 오냐오냐하다.
ちょくちょく 🔵 しばしば, たびたび		**이따금, 가끔** 友達がちょくちょく遊びに来る。 친구가 가끔 놀러 온다.
ちらっと 🔵 ちらりと		**언뜻, 흘끗, 힐끗, 슬쩍** ちらっと顔を見る。 힐끗 얼굴을 보다.
つくづく		**곰곰이, 가만히, 절실히** 親のありがたさをつくづく考える。 부모의 고마움을 절실히 생각하다.

努めて	つとめて	애써, 무리해서, 억지로

努めて明るく振る舞う。 애써 밝게 행동하다.

つぶさに		상세히, 빠짐없이

調査の結果をつぶさに報告する。
조사 결과를 상세히 보고하다.

てきぱき		척척(일을 잘 처리하는 모습)

仕事をてきぱきと片付ける。 일을 척척 처리하다.

てっきり		틀림없이, 의심없이

⊜ きっと

今日はてっきり晴れると思ったのに。
오늘은 틀림없이 맑을 것이라고 생각했는데.

てんで		전혀

⊜ まるっきり, まったく

てんでやる気がない。 전혀 의욕이 없다.

到底	とうてい	도저히, 도무지, 아무리 해도

⊜ どうしても

到底相手にならない。 도저히 상대가 되지 않는다.

堂々と	どうどうと	당당하게

堂々とした態度。 당당한 태도.

どうやら		아무래도, 어쩐지

どうやら明日は雨らしい。
아무래도 내일은 비가 내릴 것 같다.

とかく		자칫하면, 툭하면, 곧잘

雪が降るととかく遅刻者が多くなる。
눈이 내리면 곧잘 지각자가 많아진다.

途端に	とたんに	~하자마자

立ち上がった途端に倒れた。 일어나자마자 쓰러졌다.

とっさに		순간, 순간적으로

とっさにブレーキを踏む。 순간적으로 브레이크를 밟다.

突如	とつじょ	갑자기, 별안간

⊜ 不意に, 突然

突如爆発が起こる。 갑자기 폭발이 일어나다.

とりわけ	특히, 유독, 유달리
⊜特に, 殊に	今年の夏はとりわけ暑い。 올해 여름은 특히 덥다.

どろどろ	질척질척, 걸쭉한
	どろどろしたソースをかける。 걸쭉한 소스를 뿌리다.

どんより	흐린 모습, 어두침침한 모습
	空はどんより曇っている。 하늘은 어두침침하게 흐리다.

ないし	내지, 혹은 〈접속사〉
⊜または	電話ないし手紙で知らせる。 전화 내지 편지로 알리다.

なおさら	더욱더, 전보다 더
⊜ますます	風がないので、なおさら暑く感じる。 바람이 없어서 더욱더 덥게 느낀다.

なにとぞ	부디, 아무쪼록
⊜どうぞ, どうか	なにとぞよろしくお願いします。 부디 잘 부탁드립니다.

何より　なにより	무엇보다도, 가장
	無事に帰国できて何より嬉しい。 무사히 귀국할 수 있어서 무엇보다도 기쁘다.

なるたけ	되도록, 가능한 한
⊜できるだけ, なるべく	なるたけ早く帰って下さい。 되도록 빨리 돌아가세요.

なんだか	왠지, 어쩐지
⊜なぜか	なんだか心配になってきた。 왠지 걱정이 되었다.

なんだかんだ	이래저래, 여러가지로
⊜いろいろ	選挙でなんだかんだと騒がしい。 선거로 이래저래 소란스럽다.

なんと	이 얼마나, 어쩌면 이렇게, 참으로
⊜なんて	なんと美しい花だ。 이 얼마나 아름다운 꽃인가!

如実に	にょじつに	여실히, 있는 그대로

事件の真相を如実に物語る。
사건의 진상을 여실히 말해 주다.

根こそぎ	ねこそぎ	전부, 몽땅, 송두리째, 남김없이

倉庫の品物を根こそぎ盗まれた。
창고의 물건을 몽땅 도난당했다.

ねばねば		끈적끈적

飴で手がねばねばする。 사탕으로 손이 끈적끈적하다.

軒並	のきなみ	모두, 일제히

軒並値上がりする。 일제히 가격이 오르다.

漠然と	ばくぜんと	막연히

漠然と考える。 막연히 생각하다.

はなはだ ⊜ 大変, 非常に		매우, 몹시

はなはだ残念だ。 매우 유감이다.

ひいては		나아가서는

それは自身のためにも、ひいては社会のためにもなる。
그것은 자신을 위해서도, 나아가서는 사회를 위해서이기도 하다.

ひしひし		절실하게, 뼈저리게

社長になり、責任の重さをひしひしと感じる。
사장이 되어 책임의 무게를 뼈저리게 느낀다.

ひそひそ		소곤소곤

ひそひそと話す。 소곤소곤 이야기하다.

ひたすら ⊜ 専ら		오로지, 한결같이

ひたすら仕事に没頭する。 오로지 일에 몰두하다.

ひっそり		조용함, 쥐 죽은 듯 함

深夜の町はひっそりとしている。
심야의 마을은 조용하다.

| 人一倍 | ひといちばい | 다른 사람보다 더욱, 남보다 배로 |
| | | 人一倍努力する。 남보다 배로 노력하다. |

| ひとまず | | 일단, 우선 |
| ●一応, とりあえず | | これでひとまず安心だ。 이것으로 일단 안심이다. |

| ひょっと | | 불쑥, 문득 |
| ●不意に, ふと | | ひょっと思いつく。 불쑥 생각나다. |

| ひんやり | | 싸늘한, 썰렁한 |
| | | ひんやりとした風が吹く。 싸늘한 바람이 불다. |

| 不意に | ふいに | 갑자기, 별안간, 불쑥 |
| ●ひょっと, ふと | | 前の車が不意に止まる。 앞차가 갑자기 멈춰 서다. |

| 深深と | ふかぶかと | 깊숙이, 깊이 |
| | | 深深と頭をさげる。 깊숙이 머리를 숙이다. |

ぺこぺこ		굽실굽실, 굽실거림, 굽신댐
		ぺこぺこしながら言い訳をする。
		굽실굽실하며 변명을 하다.

べたべた		끈적끈적, 더덕더덕
		汗でシャツがべたべたになる。
		땀으로 셔츠가 끈적끈적 달라붙다.

| ぼうぜん | | 멍함, 어리둥절함 |
| | | ぼうぜんと立ち尽くす。 멍하니 계속 서 있다. |

ぼつぼつ		슬슬, 조금씩
		ぼつぼつと人が集まってくる。
		조금씩 사람이 모여들다.

ぽつぽつ		똑똑(비가 조금씩 내리기 시작하는 모양)
		ぽつぽつと雨が降ってきた。
		똑똑 비가 내리기 시작했다.

| 前もって | まえもって | 미리 |
| ●あらかじめ | | 前もって連絡する。 미리 연락하다. |

誠に	まことに	정말로, 참으로

誠に お世話になりました。 정말로 신세 많이 졌습니다.

●実に, 本当に

まさしく		틀림없이, 분명, 실로

この絵はまさしく傑作だ。 이 그림은 실로 걸작이다.

まして		하물며, 더구나

音楽には興味はないのだから、まして ギター
など弾けるはずがない。

음악에는 흥미가 없으니, 하물며 기타 같은 것을 칠 수 있을 리가 없다.

丸ごと	まるごと	통째로

みかんを丸ごと食べる。 귤을 통째로 먹다.

丸っきり	まるっきり	도무지, 전혀

●まるきり, まったく

料理は丸っきりだめだ。 요리는 전혀 못한다.

まるまる		① 토실토실

まるまるとした赤ちゃん。 토실토실한 아기.

② 전부, 꼬박

まるまる二日はかかる。 꼬박 이틀은 걸린다.

みっちり		철저하게, 착실하게

朝から晩までみっちり勉強する。

아침부터 밤까지 착실하게 공부하다.

無性に	むしょうに	공연히, 무턱대고

無性に腹が立つ。 공연히 화가 난다.

むっと		욱하는 모습, 화가 치밀어 오르는 모습

山田さんはむっとしたようだった。

야마다 씨는 화가 난 것 같았다.

むやみに		① 공연히, 무턱대고

●やたら

むやみに怒る。 무턱대고 화를 내다.

② 매우, 몹시

むやみに腹が減る。 몹시 배가 고프다.

無論 ≡ もちろん	むろん	물론 無論賛成だ。 물론 찬성이다.
めいめい ≡ 各々		각각 お菓子をめいめいに分ける。 과자를 각각 나누다.
めきめき		눈에 띄게, 부쩍부쩍 めきめきと上達する。 눈에 띄게 능숙해지다.
めっきり		뚜렷이, 현저히, 부쩍 めっきり秋らしくなった。 부쩍 가을다워졌다.
めったに		좀처럼 病院にはめったに行かない。 병원에는 좀처럼 가지 않는다.
もしくは ≡ または, あるいは		혹은, 또는 〈접속사〉 手紙もしくは電話で連絡すること。 편지 혹은 전화로 연락할 것.
目下 ≡ ただいま	もっか	지금, 현재 目下検討中です。 현재 검토 중입니다.
専ら ≡ ひたすら	もっぱら	오로지, 온통, 한결같이 専ら練習に励む。 오로지 연습에 힘쓰다.
もとより ≡ もともと ≡ もちろん		① 처음부터, 원래 失敗はもとより覚悟していた。 실패는 처음부터 각오하고 있었다. ② 물론 この映画は子供はもとより大人も楽しめる。 이 영화는 아이는 물론 어른도 즐길 수 있다.
もはや ≡ もう		이미, 이제는 もはや手の打ちようがない。 이제는 손을 쓸 방법이 없다.
もろに ≡ 直接に, まともに		직접, 정면으로 木にもろにぶつかる。 나무에 정면으로 부딪히다.

やけに		매우, 몹시
●やたら		やけにのどが渇く。 매우 목이 마르다.
やたら		매우, 몹시
●やけに		やたらと忙しい。 몹시 바쁘다.
やむをえず		어쩔 수 없이
●仕方がなく		やむをえず試合は延期することになった。 어쩔 수 없이 시합은 연기되었다.
やんわり		부드럽게, 넌지시
		やんわりと断る。 넌지시 거절하다.
故に	ゆえに	고로, 그러므로, 따라서 〈접속사〉
		我思う。故に我あり。 나는 생각한다. 고로 나는 존재한다.
よほど		상당히, 무척, 퍽, 꽤
●よっぽど		よほど困っているようだ。 상당히 곤란한 모양이다.
歴然と	れきぜんと	확연하게, 명확하게, 분명하게
		両チームの実力の差は歴然としている。 두 팀의 실력 차이는 확연하다.
ろくに		충분히, 제대로(~하지 못하다)
		ろくに休みもとれない。 제대로 휴가도 낼 수 없다.

アクセル	액셀, 가속 페달
⊜ アクセルペダル	アクセルを踏む。 액셀을 밟다.

アップ	상승, 향상
	レベルがアップする。 레벨이 향상되다.

アプローチ	접근
	大胆にアプローチする。 대담하게 접근하다.

アポイント	약속
⊜ アポイントメント	アポイントをとる。 약속을 잡다.

アリバイ	알리바이
	アリバイを証明する。 알리바이를 증명하다.

アンコール	앙코르
	アンコールにこたえる。 앙코르에 답하다.

インスピレーション	영감
	インスピレーションがわく。 영감이 떠오르다.

インテリ	인텔리, 지식인, 지식층
⊜ インテリゲンチア	インテリ向けの雑誌。 지식인 대상의 잡지.

インプット	인풋, 입력, 투입
⊜ アウトプット 아웃풋, 출력	データをインプットする。 데이터를 입력하다.

インフラ	인프라, 기반 시설
⊜ インフラストラクチャー	インフラを拡充する。 인프라를 확충하다.

インフレ	인플레이션, 물가 상승
⊜ インフレーション	インフレで生活が苦しくなる。 인플레이션으로 생활이 어려워지다.

ウエート	중량, 무게, 중점
⊜ ウエイト	筆記試験より面接にウエートを置く。 필기 시험보다 면접에 중점을 두다.

エキスパート	전문가, 숙련자
	エキスパートに意見を聞く。 전문가에게 의견을 묻다.

エリア ⊖ エリヤ	지역, 구역, 지대
	サービスエリアを拡大する。 서비스 지역을 확대하다.

エレガント	고상함, 우아함
	エレガントな服装。 우아한 복장.

オーダー	오더, 주문
	オーダーを取り消す。 오더를 취소하다.

オートマチック	자동
	作業をオートマチックに処理する。 작업을 자동으로 처리하다.

カット	커트, 자름, 삭제, 삭감
	賃金をカットする。 임금을 삭감하다.

カテゴリー	카테고리, 범주
	同じカテゴリーに属する。 같은 범주에 속하다.

カルテ	진료 기록 카드
	病状をカルテに記載する。 병의 증상을 진료 기록 카드에 기재하다.

キャッチ	포착, 파악
	情報をキャッチする。 정보를 포착하다.

キャラクター	캐릭터, 성격, 등장인물
	特異なキャラクターの持ち主。 특이한 성격의 소유자.

キャリア ⊖ キャリヤ	경력
	キャリアを積む。 경력을 쌓다.

クレーム	클레임, 불만, 이의
	お客様からのクレームに対応する。 고객의 불만에 대응하다.

グローバル	국제적, 세계적
	グローバルな観点で考える。 국제적인 관점에서 생각하다.

ケア	간호, 보살핌
	患者をケアする。 환자를 보살피다.

コスト	비용, 원가
	コストを切り詰める。 비용을 절감하다.

コマーシャル	선전, 광고
	コマーシャルを放送する。 광고를 방송하다.

コメント	견해, 의견, 평론
	コメントを求める。 의견을 구하다.

コンスタント	일정함
	毎月コンスタントな収益をあげる。 매달 일정한 수익을 올리다.

コンテスト	콘테스트, 경연대회
	コンテストに参加する。 콘테스트에 참가하다.

コンテンツ	콘텐츠, 내용
	人気のあるコンテンツを確保する。 인기 있는 콘텐츠를 확보하다.

コントラスト	대조, 대비
	二つの色のコントラストが美しい。 두 색의 대비가 아름답다.

コントロール	컨트롤, 통제, 조절, 관리
	温度をコントロールする。 온도를 조절하다.

コンパクト	작고 알참, 소형
	コンパクトな車がよく売れている。 소형 자동차가 잘 팔리고 있다.

コンパス	컴퍼스
	コンパスで円を書く。 컴퍼스로 원을 그리다.

コンプレックス	콤플렉스, 열등감
	英語にコンプレックスがある。 영어에 콤플렉스가 있다.

サポート	지원, 지지
	営業活動をサポートする。 영업 활동을 지원하다.
サイクル	사이클, 순환 과정, 주기
	予習、授業、復習というサイクルを繰り返す。
	예습, 수업, 복습이라는 과정을 반복하다.
シェア	분담, 분배, 공유, 시장 점유율
	二割のシェアを占める。 20%의 점유율을 차지하다.
システム	시스템, 체계, 제도
	業務のシステムを説明する。 업무 체계를 설명하다.
シチュエーション	시추에이션, 상황, 경우
	多様な会話のシチュエーションを想定する。
	다양한 회화 상황을 가정하다.
シック	세련됨
	シックに着こなす。 세련되게 차려입다.
シナリオ	시나리오, 각본, 대본
	映画のシナリオを書く。 영화 시나리오를 쓰다.
シビア	엄격함, 가혹함
	シビアな批評を受ける。 가혹한 비평을 받다.
シャープ	날카로움, 예민함, 선명함
	シャープな画面。 선명한 화면.
ジャンプ	점프, 비약, 도약
	ジャンプしてボールを取る。 점프해서 공을 잡다.
ジャンル	장르, 종류, 영역, 갈래
	随筆は文学のジャンルに属する。 수필은 문학의 장르에 속한다.
ショック	쇼크, 충격
	強いショックを受ける。 강한 충격을 받다.

シンプル	단순함, 간소함
	シンプルなデザインの服が好きだ。
	심플한 디자인의 옷을 좋아한다.

スケール	스케일, 규모
	あの監督の映画はスケールが大きい。
	그 감독의 영화는 스케일이 크다.

スタジオ	스튜디오, 촬영소
	スタジオで写真を撮る。 스튜디오에서 사진을 찍다.

ストック	재고
	まだストックが十分ある。 아직 재고가 충분하다.

ストライキ	스트라이크, 파업
⊖ スト	ストライキをする。 파업하다.

ストレート	직접적, 솔직함, 단도직입적
	彼はストレートに言う。 그는 단도직입적으로 말한다.

ストロー	빨대
	ジュースをストローで飲む。 주스를 빨대로 마시다.

スポット	점, 지점, 특정 장소
	観光スポットを教えてください。 관광 명소를 알려주세요.

スライス	슬라이스, 얇게 썬 것
	ハムをスライスして皿に載せる。
	햄을 슬라이스해서 접시에 올리다.

セクション	부문, 부서
	営業セクションで働いている。 영업 부문에서 일하고 있다.

セレモニー	의식, 기념행사
	創立30周年のセレモニーを行う。
	창립 30주년 기념행사를 거행하다.

センサー	센서, 감지기
	ガスをセンサーが感知して警報が鳴る。
	가스를 센서가 감지하여 경보가 울린다.

センス	센스, 감각, 판단력
	服を選ぶセンスがない。 옷을 고르는 센스가 없다.

ターゲット	표적, 대상
	中高年をターゲットに商品を開発する。 중장년층을 대상으로 상품을 개발하다.

タイト	딱 맞음, 꽉 낌
	タイトなスカートをはく。 꽉 끼는 치마를 입다.

タイマー	타이머
	タイマーを7時にセットする。 타이머를 7시로 맞추다.

タイミング	타이밍, 시기
	タイミングが悪い。 타이밍이 나쁘다.

タイムリー	시의적절함, 적시임
	タイムリーな話題。 시의적절한 화제.

ダウンロード	다운로드, 내려받기
	データをダウンロードする。 데이터를 다운로드하다.

ダブル	더블, 두 배, 이중
	ダブルスコアで勝つ。 두 배의 점수 차로 이기다.

タレント	탤런트, 재능, 소질, 연예인
	人気タレントが引退する。 인기 탤런트가 은퇴하다.

タワー	타워, 탑
	東京タワーがそびえている。 도쿄 타워가 우뚝 솟아 있다.

ダンプカー	덤프카, 덤프트럭
	大型のダンプカーが道路を走っている。 대형 덤프트럭이 도로를 달리고 있다.

チームワーク	팀워크, 단체 행동, 단결, 협력
	目標を達成するためにはチームワークが不可欠だ。 목표를 달성하기 위해서는 팀워크가 불가결하다.

チョイス	선택

それがベストチョイスだ。 그것이 최선의 선택이다.

データベース	데이터베이스

多くの企業がデータベースを活用している。
많은 기업이 데이터베이스를 활용하고 있다.

デコレーション	장식, 꾸밈

派手なデコレーションは好きではない。
화려한 장식은 좋아하지 않는다.

デジタル	디지털

すっかりデジタルの時代になった。
완전히 디지털 시대가 되었다.

デビュー	데뷔, 첫 등장

華々しくデビューする。 화려하게 데뷔하다.

デマ	데마, 헛소문, 유언비어, 허위 정보

デマを流して他人に迷惑をかける。
헛소문을 퍼뜨려 남에게 폐를 끼치다.

デモンストレーション	데모, 시위, 시연
⊜デモ	

新車発売に際して、デモンストレーションをする。
신차 발매에 즈음하여 시연을 하다.

デリケート	섬세함, 미묘함, 민감함

これは非常にデリケートな問題だ。 이것은 매우 미묘한 문제이다.

トラブル	문제, 분쟁

金銭上のトラブルを起こす。 금전상의 분쟁을 일으키다.

ドリル	드릴, 반복 연습

英語のドリルをする。 영어를 반복 연습하다.

トレンド	유행, 경향, 추세

秋のファッショントレンドを教えてください。
가을의 패션 경향을 가르쳐 주세요.

가타카나

ナイター
⊖ ナイトゲーム

야간 시합

ナイターを見に行く。 야간 시합을 보러 가다.

ナチュラル

천연, 자연적

ナチュラルな素材を使用する。 천연 소재를 사용하다.

ナンセンス

난센스, 무의미함, 어리석음

そんな議論はナンセンスだ。 그런 논의는 무의미하다.

ニュアンス

뉘앙스, 느낌, 미묘한 차이

表現のニュアンスを説明する。 표현의 뉘앙스를 설명하다.

ネック
⊖ ボトルネック

보틀넥, 애로 사항, 장애물, 지장

生産コストの高さがネックになっている。
높은 생산 비용이 장애가 되고 있다.

ノイローゼ

노이로제, 신경질환, 신경증

ノイローゼに悩む。 노이로제로 고생하다.

ノウハウ

노하우, 요령, 기술

経営のノウハウを学ぶ。 경영의 노하우를 배우다.

ノルマ

노르마, 할당량

ノルマを果たす。 할당량을 채우다.

パートナー

파트너, 동반자, 상대

よいパートナーとなる。 좋은 파트너가 되다.

ハードル

허들, 장애물

目の前にあるハードルを越える。 눈 앞에 있는 장애물을 넘다.

バックアップ

백업, 지원

立候補者をバックアップする。 입후보자를 지원하다.

バッテリー

배터리, 전지

バッテリーが上がる。 배터리가 소진되다.

パトカー
⊖ パトロールカー

경찰차, 순찰차

パトカーがサイレンを鳴らす。 경찰차가 사이렌을 울리다.

ハンガー	옷걸이
	コートをハンガーにかける。 코트를 옷걸이에 걸다.

ヒーリング	치유
	山道をのんびり歩くのもヒーリングになる。 산길을 느긋하게 걷는 것도 치유가 된다.

ビジネス	비즈니스, 사업, 일, 업무
	ビジネスに徹する。 일에 전념하다.

ピント	핀트, 초점, 요점
	カメラのピントを合わせる。 카메라의 초점을 맞추다.

ファイト	투지
	ファイトが足りない。 투지가 부족하다.

フィット	몸에 꼭 맞음
	このシャツは体にフィットする。 이 셔츠는 몸에 꼭 맞는다.

フィルター	필터, 여과기
	浄水器のフィルターを交換する。 정수기의 필터를 교환하다.

フォーム	폼, 형식, 양식, 자세
	フォームに合わせて書類を作成する。 양식에 맞추어 서류를 작성하다.

フォロー	보완, 지원, 보조
	新入社員の業務をフォローする。 신입 사원의 업무를 지원하다.

プライベート	개인적, 사적
	プライベートの時間が欲しい。 개인적인 시간을 갖고 싶다.

ブランク	공백, 공란
	職歴にブランクがあることが心配だ。 경력에 공백이 있는 것이 걱정이다.

フロント	프런트, 접수처
	フロントに荷物を預ける。 프런트에 짐을 맡기다.

ペア	한 조, 한 쌍
	二人でペアになる。 둘이서 한 조가 되다.

ペース	페이스, 걷는 속도, 진행 속도
	自分のペースで走る。 자신의 페이스로 달리다.

ボイコット	보이콧, 참가 거부, 불매 운동
	投票をボイコットする。 투표를 거부하다.

ポジション	포지션, 지위, 위치, 역할
	ポジションを得る。 지위를 얻다.

ボランティア	자원봉사
	ボランティア活動をする。 자원봉사 활동을 하다.

| マスコミ | 매스컴, 언론, 대중매체 |
| ⊜ マスコミュニケーション | マスコミに取り上げられる。 언론에 거론되다. |

マッサージ	마사지, 안마
	全身をマッサージする。 전신을 마사지하다.

マニュアル	매뉴얼, 설명서
	マニュアルを読む。 설명서를 읽다.

メカニズム	메커니즘, 작용 원리, 구조
	経済のメカニズムを研究する。 경제의 메커니즘을 연구하다.

メディア	미디어, 매체
	新聞というメディア。 신문이라는 매체.

メロディー	멜로디
	メロディーを奏でる。 멜로디를 연주하다.

モニター	모니터, 감시, 점검
	番組をモニターする。 방송을 모니터하다.

モラル	도덕성, 윤리
	モラルに欠ける。 도덕성이 부족하다.

ユニーク	독창적, 독특함
	ユニークな発想。 독창적인 발상.

ライバル	라이벌, 경쟁 상대, 경쟁자, 맞수
	ライバル意識を燃やす。 라이벌 의식을 불태우다.

ラフ	거침, 엉성함, 난폭함
	仕事ぶりがラフだ。 일하는 방식이 거칠다.

ラベル	라벨, 상표
	ラベルを貼る。 라벨을 붙이다.

リアリティー	리얼리티, 현실성, 진실성
	作品にリアリティーを持たせる。 작품이 현실성을 갖게 하다.

リード	리드, 앞장서서 이끎
	時代をリードする。 시대를 앞장서 이끌다.

リクエスト	요구, 주문, 신청
	リクエストに応じる。 요구에 응하다.

リスク	위험, 위험성
	投資はリスクを伴う。 투자는 위험을 수반한다.

リストアップ	선별 목록, 목록 작성
	招待客のリストアップを行う。 초대 손님 목록을 만들다.

リセット	리셋, 초기 상태로 돌림, 초기화
	設定をリセットする。 설정을 리셋하다.

リタイア	은퇴, 기권
	試合の途中、怪我でリタイアした。 시합 도중에 부상으로 기권했다.

ルーズ	느슨함, 헐렁함
	時間にルーズな人。 시간 개념이 없는 사람.

レイアウト	레이아웃, 배치, 배열
	売り場のレイアウトを工夫する。 매장의 배치를 연구하다.

レース	레이스, 경주, 경쟁
	ボートレースを見に行く。 보트 경주를 보러 가다.

レギュラー	정규의, 정식의
	レギュラーメンバーになる。 정규 회원이 되다.

レバー	레버, 지렛대, 손잡이
	サイドブレーキのレバーを引く。 사이드 브레이크의 손잡이를 당기다.

レンタカー	렌터카, 임대 자동차
	レンタカーを借りる。 렌터카를 빌리다.

レントゲン	뢴트겐, 엑스레이, 엑스선
	レントゲン写真をとる。 엑스레이 사진을 찍다.

ロス	손실, 낭비
	時間をロスする。 시간을 낭비하다.

ロマン	로망, 낭만
	ロマンを追う。 낭만을 쫓다.

JLPT
보카

N1

문자·어휘
모의고사

問題1 ＿＿＿＿の言葉の読み方として最もよいものを、1・2・3・4から一つ選びなさい。

1 潔く事故の責任を認める。

　　1 いさぎよく　　2 わずらわしく　　3 すばやく　　　4 しぶとく

2 知事の発言に釈明を求める。
　_{ちじ}

　　1 かいめい　　　2 しゃくめい　　3 せきめい　　　4 しょうめい

3 部下の手本となるように行動する。

　　1 しゅほん　　　2 しゅもと　　　3 てほん　　　　4 てもと

4 ようやく景気回復の兆しが見えてきた。

　　1 あかし　　　　2 きざし　　　　3 しめし　　　　4 しるし

5 子供のいたずらを厳しく戒める。

　　1 いましめる　　2 いやしめる　　3 くるしめる　　4 こらしめる

6 当センターは、感染症予防の啓蒙活動を行っている。
　　　　　　　　　_{かんせんしょう}

　　1 かいむ　　　　2 かいもう　　　3 けいむ　　　　4 けいもう

問題2 （　　　）に入れるのに最もよいものを1・2・3・4から一つ選びなさい。

7 道路の工事が終わり、通行止めが（　　　）された。

1 解消
かいしょう　　　2 解除
かいじょ　　　3 解体
かいたい　　　4 解約
かいやく

8 当選
とうせん を祝うパーティーが盛大に（　　　）。

1 うちきられた　　　　　　　　2 おだてられた

3 もよおされた　　　　　　　　4 きたされた

9 悪天候
あくてんこう で航空機
こうくうき の運航
うんこう を（　　　）いる。

1 見落
みお として　　　　　　　2 見習
みなら って

3 見合
みあ わせて　　　　　　　4 見渡
みわた して

10 安全運転のためには、常に（　　　）を保つことが大切だ。

1 安静
あんせい　　　2 閑静
かんせい　　　3 動静
どうせい　　　4 平静
へいせい

11 彼とは高校の先輩後輩の（　　　）だ。

1 間近
まぢか　　　2 間柄
あいだがら　　　3 身分
みぶん　　　4 身柄
みがら

12 エネルギー問題と環境問題を（　　　）に解決する方法はないだろうか。

1 一向
いっこう　　　2 一挙
いっきょ　　　3 一概
いちがい　　　4 一方
いっぽう

13 なんとか資金を（　　　）して、店をオープンすることができた。

1 割引　　　2 工面　　　3 利益　　　4 新規

問題3 ＿＿＿の言葉に意味が最も近いものを、1・2・3・4から一つ選びなさい。

14 この二つの漢字はまぎらわしい。

1 非常に重要である　　　　2 区別がつきにくい

3 書き方が難しい　　　　　4 あまり使わない

15 閉店（へいてん）近くになると、食品は軒並（のきなみ）値下げされて安くなる。

1 しいて　　　2 すべて　　　3 つとめて　　　4 かつて

16 癒（いや）しの音楽を聴いて眠りにつく。

1 ヒーリング　　　　　　　2 デジタル

3 レクリエーション　　　　4 バランス

17 赤と黄色のくっきりとしたコントラストは強烈（きょうれつ）な印象（いんしょう）を与えてくれる。

1 効果　　　2 混合　　　3 対比　　　4 豊富さ

18 会議で他の人に気兼（きが）ねしてしまい、何も発言できなかった。

1 遠慮（えんりょ）して　　　　　　2 気に入って

3 貫（つらぬ）いて　　　　　　　　4 割（わ）り込（こ）んで

19 チャンスが与えられたときは、迷わず挑戦（ちょうせん）してみよう。

1 いどんで　　　　　　　　2 おびえて

3 からかって　　　　　　　4 つぶやいて

問題4 次の言葉の使い方として最もよいものを、1・2・3・4から一つ選びなさい。

20　採決

1　卒業見込みの学生を対象に、4月入社に合わせて新卒採決を行う。
2　意見の一致を得られなかったので、採決を取った。
3　生徒の中間テストの答案を採決して、得点を出す。
4　建設費が値上がりし、採決が取れないため事業を断念した。

21　素早い

1　窓を開けていたら強い風が吹いて、机の上の紙が素早く飛んでしまった。
2　鈴木教授は話し方が素早いので、講義の内容が聞き取れないことがある。
3　消防側の素早い対応によって、被害は最小限に食い止められた。
4　森氏の小説は人気があって、新しい作品が発売されると素早く売り切れてしまう。

22　リスク

1　面接では、自分のリスクを活かしてどう企業に貢献できるか述べましょう。
2　産業用ロボットの導入は、コスト削減や生産効率の向上などのリスクがある。
3　彼は長年銀行に勤めており、金融に詳しいことがリスクである。
4　企業の海外進出はリスクはあるが、成功すれば利益は大きい。

23 　中傷（ちゅうしょう）

1 先進国（せんしんこく）と途上国（とじょうこく）の利害中傷（りがいちゅうしょう）がうまくいかず、会議は決裂（けつれつ）した。

2 彼は、父親の中傷（ちゅうしょう）に耳をかそうともしなかった。

3 中傷（ちゅうしょう）を負った清水（しみず）さんは、救急（きゅうきゅう）病院に運ばれた。

4 匿名（とくめい）を使ったネット上の中傷（ちゅうしょう）が犯罪（はんざい）でなくてなんだろうか。

24 　慕（した）う

1 山下（やました）先生は、温厚（おんこう）な人柄（ひとがら）で生徒に慕（した）われている。

2 薬は必ず医師の指示に慕（した）って使用しましょう。

3 ヘリコプターがマラソンの先頭（せんとう）ランナーを慕（した）っている。

4 彼はけっして悪い人ではないと言って、友人を慕（した）った。

25 　禁物（きんもつ）

1 久しぶりに訪れた寺は境内（けいだい）の撮影（きんもつ）が禁物になっていた。

2 子供にプレッシャーになるので過度（かど）の期待をするのは禁物（きんもつ）だ。

3 刃物（はもの）類（るい）は飛行機に持ち込みが禁物（きんもつ）されている商品だ。

4 この標識（ひょうしき）がある場所では、すべての車両（しゃりょう）の通行が禁物（きんもつ）されている。

問題1 _____ の言葉の読み方として最もよいものを、1・2・3・4から
一つ選びなさい。

1 合意の上で契約を<ruby>破棄<rt>けいやく</rt></ruby>する。

　　1 はき　　　　　2 はいき　　　　3 へいき　　　　4 ほうき

2 <ruby>爆発<rt>ばくはつ</rt></ruby>の衝撃でガラスが割れた。

　　1 じゅうけき　　2 じゅうげき　　3 しょうけき　　4 しょうげき

3 予算案は議会に諮って定める。

　　1 めくって　　　2 いかって　　　3 はかって　　　4 かたって

4 この繊維は<ruby>摩擦<rt>まさつ</rt></ruby>に強い。

　　1 さいい　　　　2 かんい　　　　3 せんい　　　　4 たんい

5 両者は大筋で合意に達した。

　　1 おおすじ　　　2 おおもと　　　3 だいすじ　　　4 だいきん

6 台風が日本列島を襲うおそれがある。

　　1 おそう　　　　2 さそう　　　　3 きそう　　　　4 あらそう

問題2（　　　）に入れるのに最もよいものを1・2・3・4から一つ選びなさい。

7　最近、会社同士の（　　　）が多くなった。

　　1 合併　　　　　2 清掃　　　　　3 財政　　　　　4 誘導

8　体を（　　　）と、毎日プールで泳いでいる。

　　1 こたえよう　　2 ふるえよう　　3 となえよう　　4 きたえよう

9　もうちょっと（　　　）な観察_{かんさつ}をしてほしいのですが。

　　1 濃密_{のうみつ}　　　2 些細_{ささい}　　　3 綿密_{めんみつ}　　　4 密接_{みっせつ}

10　両者に折衷案_{せっちゅうあん}を出し、（　　　）させた。

　　1 対立_{たいりつ}　　　2 妥協_{だきょう}　　　3 反目_{はんもく}　　　4 親睦_{しんぼく}

11　人を不快_{ふかい}にさせるような言動は（　　　）方がいい。

　　1 くやんだ　　　2 いどんだ　　　3 おしんだ　　　4 つつしんだ

12　カラフルな色を使ったデザインが今年の（　　　）だという。

　　1 ニュアンス　　2 キャリア　　　3 トレンド　　　4 プラン

13　退院したら無理をせず、しばらく（　　　）にしてください。

　　1 休憩_{きゅうけい}　　　2 休養_{きゅうよう}　　　3 安静_{あんせい}　　　4 安定_{あんてい}

問題3 ＿＿＿の言葉に意味が最も近いものを、1・2・3・4から一つ選び なさい。

14 取引先との交渉は円滑に進んでいる。
　　1 強烈に　　　　2 巧妙に　　　　3 順調に　　　　4 頻繁に

15 日本での一人暮らしにだんだん慣れてきたようだ。
　　1 さからって　　2 あきれて　　　3 めぐまれて　　4 なじんで

16 彼が言ったのはいやみにしか聞こえない。
　　1 冗談　　　　　2 愚痴　　　　　3 苦情　　　　　4 皮肉

17 あの二人は常に競争している。
　　1 張り合って　　2 張り切って　　3 押し切って　　4 押し付けて

18 商品のテレビ広告を中止し、コストの削減を図ることにした。
　　1 宣伝　　　　　2 便益　　　　　3 費用　　　　　4 圧力

19 このホテルについてしいて不満を言えば、設備の古さが目立つ。
　　1 むりに　　　　2 ひたすら　　　3 けっして　　　4 じっくり

問題4　次の言葉の使い方として最もよいものを、1・2・3・4から一つ選
　　　びなさい。

20　抗議

　1　番組での差別発言に対して抗議の電話が殺到した。

　2　会費は当日パーティーの会場で抗議致します。

　3　話し合いにもかかわらず、結局、抗議には至らなかった。

　4　あの映画に対する抗議は、人によって違う。

21　ひとまず

　1　この件については先日部長にひとまずに報告しておきました。

　2　もう遅いから、今日の作業はひとまずこれで終わりにしませんか。

　3　この薬は食後、ひとまず時間が経ってから飲んでください。

　4　ひとまず約束したからにはどんなことがあっても守るべきでしょう。

22　手際

　1　料理のプロだけあって、彼女は手際よく料理を作った。

　2　レポートを書くのは、確かに手際のかかる作業である。

　3　彼は、長い間逃亡していた犯人を捕まえると言う手際をあげた。

　4　これは研究上とても大切な資料なので、いつも手際に置いておく。

23　とっさに

　1　朝は晴れていたが、昼頃からとっさに雨が降り出した。

　2　友達と約束があったので、仕事が終わるととっさに帰りました。

　3　とっさに用事ができてしまい、パーティーに出席できなかった。

　4　転びそうになったので、とっさに隣の人の腕をつかんだ。

24 満喫

1 温泉に行ってゆったりと満喫になりたい。

2 下記の条件に満喫する人材を探している。

3 バリの海辺で久しぶりの休暇を満喫した。

4 これで彼の好奇心を満喫させられるとは思わない。

25 とぐ

1 普段から体をといで筋肉をつける。

2 くもったメガネを外して、ハンカチでといだ。

3 この包丁はといであるからよく切れる。

4 宿題に出された数学の問題をといでから寝た。

問題1 ＿＿＿の言葉の読み方として最もよいものを、1・2・3・4から一つ選びなさい。

1 質問の意図が分からない。

　　1 いし　　　　2 いず　　　　3 いと　　　　4 いみ

2 不正な取引が頻繁に行われた。

　　1 とびん　　　2 もはん　　　3 ひんぱん　　　4 かびん

3 収入が増えて生活が潤ってきた。

　　1 からかって　　2 ならって　　3 うるおって　　4 あしらって

4 この製品の安全性には若干の疑問が残る。

　　1 さかん　　　2 ざっかん　　　3 しゃっかん　　　4 じゃっかん

5 父は建設業を営んでいる。

　　1 あゆんで　　　2 いとなんで　　　3 かこんで　　　4 はこんで

6 彼は株の売買で富豪の仲間入りをした。

　　1 ふくごう　　　2 ふうご　　　3 ふごう　　　4 ふこう

問題2（　　　　）に入れるのに最もよいものを1・2・3・4から一つ選びなさい。

7 新しい法案をめぐって与野党の（　　　　）が続いている。

　　1 駆け引き　　　2 割り引き　　　3 差し引き　　　4 くじ引き

8 友達とバンドを（　　　　）してコンサートを開催した。

　　1 進出　　　　　2 結成　　　　　3 発明　　　　　4 再生

9 すぐに現地に調査官を（　　　　）した。

　　1 派遣　　　　　2 介入　　　　　3 分類　　　　　4 転送

10 新人の仕事を（　　　　）するのが私の任務だ。

　　1 アップ　　　　2 マッチ　　　　3 ギャップ　　　4 フォロー

11 彼の提案を（　　　　）と断ったが、彼は傷ついたようだ。

　　1 ふんわり　　　2 どんより　　　3 わりあい　　　4 やんわり

12 古いアルバムをみると、学生時代の思い出が（　　　　）。

　　1 ちかづける　　2 ぶらさがる　　3 よみがえる　　4 たてまつる

13 事故で電車が止まって遅刻しそうになったが、バスに乗り換えて、（　　　　）間に合った。

　　1 かろうじて　　2 ことごとく　　3 やむをえず　　4 おのずから

問題3 ＿＿＿の言葉に意味が最も近いものを、1・2・3・4から一つ選び
なさい。

14 彼は予想外の結果にまごついた。

　　1 とまどった　　　2 よろこんだ　　　3 気がゆるんだ　　4 うぬぼれた

15 皿洗いは本当に面倒くさい。

　　1 地味だ　　　　2 紛(まぎ)らわしい　　3 煩(わずら)わしい　　　4 退屈だ

16 この二つの言葉の微妙な違いがどうも分からない。

　　1 タイムリーな　2 デリケートな　3 エレガントな　4 ナンセンスな

17 試験の直前なので、不安がつのるものだ。

　　1 よわくなる　　　2 なくなる　　　3 でなくなる　　　4 つよくなる

18 彼は私の質問にとぼけていた。

　　1 いやいや答えて　　　　　　　　2 知らんぷりして
　　3 興味を示して　　　　　　　　　4 かなり怒っていた

19 父は私の海外留学を了承してくれた。

　　1 案内して　　　　2 報告して　　　3 納得して　　　4 誘導して

問題4 次の言葉の使い方として最もよいものを、1・2・3・4から一つ選びなさい。

20 丹念^{たんねん}

1 この和菓子^{わがし}は職人の手で丹念^{たんねん}に心をこめて作りました。

2 こんな悪天候^{あくてんこう}では、登山を丹念^{たんねん}せざるをえない。

3 長く続く景気停滞^{ていたい}や税収^{ぜいしゅう}不足による財政の悪化が丹念^{たんねん}される。

4 常にやる気と丹念^{たんねん}を持って仕事に当たることにしている。

21 交付^{こうふ}

1 一定の収入を得た場合は、税金を交付^{こうふ}する義務がある。

2 この電気自動車を購入すると、国から補助金が交付^{こうふ}される。

3 今月の給料が交付^{こうふ}されたら、新しい服を買うつもりだ。

4 家族や友達に旅行で買ってきたお土産を交付^{こうふ}した。

22 ずらっと

1 新聞の見出しにずらっと目を通した。

2 東京^{とうきょう}は、明日はずらっと晴れるようですよ。

3 祖母の手術がうまくいったと聞いてずらっとした。

4 お店の前にずらっと人が並んでいる。

23 拠点^{きょてん}

1 大阪^{おおさか}に行ったついでに京都^{きょうと}まで拠点^{きょてん}をのばした。

2 弁護士は依頼人の利益を守る拠点^{きょてん}にある。

3 当社は、東京^{とうきょう}を拠点^{きょてん}にビジネスを展開している。

4 その説を裏付けられるような拠点^{きょてん}はまったくない。

24 ののしる

1 当社では、現在、新規事業に必要な人材を<u>ののしって</u>いる。

2 子供がいいことをしたら、<u>ののしって</u>あげることも大切な教育だ。

3 とんでもないミスをしてしまい、部長に大声で<u>ののしられた</u>。

4 代表チームの優勝を<u>ののしり</u>ながら、声を限りに応援した。

25 ジャンル

1 試験には出題<u>ジャンル</u>を超える問題も出たりする。

2 佐藤さんはどんな<u>ジャンル</u>の音楽がすきですか。

3 この美術館はヨーロッパー<u>ジャンル</u>建物で、おしゃれな感じです。

4 両国は長い調整作業の結果、貿易<u>ジャンル</u>で合意に達した。

1 ①	2 ②	3 ③	4 ②	5 ①	6 ④	7 ②	8 ③	9 ③	10 ④
11 ②	12 ②	13 ②	14 ②	15 ②	16 ①	17 ③	18 ①	19 ①	20 ②
21 ③	22 ④	23 ④	24 ①	25 ②					

1회 해석

| 문제1 |

1 潔く(いさぎよく)事故の責任を認める。
깨끗하게 사고의 책임을 인정하다.

2 知事の発言に釈明(しゃくめい)を求める。
지사의 발언에 해명을 요구하다.

3 部下の手本(てほん)となるように行動する。
부하의 본보기가 되도록 행동하다.

4 ようやく景気回復の兆し(きざし)が見えてきた。
드디어 경기 회복의 조짐이 보이기 시작했다.

5 子供のいたずらを厳しく戒める(いましめる)。
아이의 장난을 엄하게 훈계하다.

6 当センターは、感染症予防の啓蒙(けいもう)活動を行っている。
당 센터는 감염병 예방 계몽 활동을 실시하고 있다.

| 문제2 |

7 道路の工事が終わり、通行止めが解除された。
도로 공사가 끝나 통행금지가 해제되었다.

8 当選を祝うパーティーが盛大に催された。
당선을 축하하는 파티가 성대하게 개최되었다.

9 悪天候で航空機の運航を見合わせている。
악천후로 항공기 운항을 보류하고 있다.

10 安全運転のためには、常に平静を保つことが大切だ。

안전 운전을 위해서는 항상 평정을 유지하는 것이 중요하다.

11 彼とは高校の先輩後輩の間柄だ。

그와는 고등학교 선후배 사이이다.

12 エネルギー問題と環境問題を一挙に解決する方法はないだろうか。

에너지 문제와 환경 문제를 일거에 해결하는 방법은 없을까?

13 なんとか資金を工面して、店をオープンすることができた。

어떻게든 자금을 마련하여 가게를 오픈할 수 있었다.

| 문제3 |

14 この二つの漢字はまぎらわしい(＝区別がつきにくい)。

이 두 한자는 혼동하기 쉽다.

15 閉店近くになると、食品は軒並(＝すべて)値下げされて安くなる。

폐점이 까까워지면 식품은 모두 가격이 인하되어 싸진다.

16 癒し(＝ヒーリング)の音楽を聴いて眠りにつく。

치유의 음악을 들으며 잠자리에 든다.

17 赤と黄色のくっきりとしたコントラスト(＝対比)は強烈な印象を与えてくれる。

빨강과 노란색의 선명한 대비는 강렬한 인상을 준다.

18 会議で他の人に気兼ねして(＝遠慮して)しまい、何も発言できなかった。

회의에서 다른 사람에게 신경 쓰다(＝사양하다)보니 아무것도 발언할 수 없었다.

19 チャンスが与えられたときは、迷わず挑戦して(＝いどんで)みよう。

기회가 주어졌을 때는 망설이지 말고 도전해 보자.

| 문제4 |

20 意見の一致を得られなかったので、採決を取った。

의견 일치를 이루지 못했기 때문에 표결을 진행했다.

21 消防側の素早い対応によって、被害は最小限に食い止められた。

소방서측의 재빠른 대응으로 피해는 최소한으로 막았다.

22 企業の海外進出はリスクはあるが、成功すれば利益は大きい。

기업의 해외 진출은 위험성은 있지만 성공하면 이익은 크다.

23 匿名を使ったネット上の中傷が犯罪でなくてなんだろうか。

익명을 사용한 인터넷상의 중상이 범죄가 아니고 무엇이란 말인가?

24 山下先生は、温厚な人柄で生徒に慕われている。

야마시타 선생님은 온후한 인품으로 학생들에게 존경받고 있다.

25 子供にプレッシャーになるので過度の期待をするのは禁物だ。

아이에게 부담이 되기 때문에 과도한 기대를 하는 것은 금물이다.

2회 정답

1 ①	2 ④	3 ③	4 ③	5 ①	6 ①	7 ①	8 ④	9 ③	10 ②
11 ④	12 ③	13 ③	14 ③	15 ④	16 ④	17 ①	18 ③	19 ①	20 ①
21 ②	22 ①	23 ④	24 ③	25 ③					

2회 해석

| 문제1 |

1 合意の上で契約を破棄(はき)する。

합의하에 계약을 파기하다.

2 爆発の衝撃(しょうげき)でガラスが割れた。

폭발의 충격으로 유리가 깨졌다.

3 予算案は議会に諮って(はかって)定める。

예산안은 의회와 협의하여 정한다.

4 この繊維(せんい)は摩擦に強い。

이 섬유는 마찰에 강하다.

235

5 両者は大筋(おおすじ)で合意に達した。

양자는 **대략적으로** 합의에 도달했다.

6 台風が日本列島を襲う(おそう)おそれがある。

태풍이 일본 열도를 덮칠 **우려**가 있다.

| 문제2 |

7 最近、会社同士の合併が多くなった。

최근 회사 간 **합병**이 많아졌다.

8 体をきたえようと、毎日プールで泳いでいる。

몸을 **단련하려고** 매일 수영장에서 수영하고 있다.

9 もうちょっと綿密な観察をしてほしいのですが。

좀 더 **면밀한** 관찰을 해 주었으면 합니다만.

10 両者に折衷案を出し、妥協させた。

양측에 절충안을 제시하여 **타협**시켰다.

11 人を不快にさせるような言動はつつしんだ方がいい。

남을 불쾌하게 하는 언동은 **삼가는** 것이 좋다.

12 カラフルな色を使ったデザインが今年のトレンドだという。

컬러풀한 색상을 사용한 디자인이 올해 **유행**이라고 한다.

13 退院したら無理をせず、しばらく安静にしてください。

퇴원하면 무리하지 말고 한동안 **안정**을 취하세요.

| 문제3 |

14 取引先との交渉は円滑に(=順調に)進んでいる。

거래처와의 협상은 **원활하게**(=순조롭게) 진행되고 있다.

15 日本での一人暮らしにだんだん慣れて(=なじんで)きたようだ。

일본에서 혼자 사는 생활에 점점 **익숙해진** 것 같다.

16 彼が言ったのはいやみ(=皮肉)にしか聞こえない。

그가 말한 것은 **비아냥**으로밖에 들리지 않는다.

17 あの二人は常に競争して(=張り合って)いる。

그 두 사람은 늘 **경쟁하고** 있다.

18 商品のテレビ広告を中止し、コスト(=費用)の削減を図ることにした。

상품의 텔레비전 광고를 중지하여 **비용** 삭감을 **도모하기로** 했다.

19 このホテルについてしいて(=むりに)不満を言えば、設備の古さが目立つ。

이 호텔에 대해 **굳이(=억지로)** 불만을 말하자면 낡은 설비가 눈에 띈다.

| 문제4 |

20 番組での差別発言に対して抗議の電話が殺到した。

프로그램에서의 차별 발언에 대하여 **항의** 전화가 쇄도했다.

21 もう遅いから、今日の作業はひとまずこれで終わりにしませんか。

이미 늦었으니 오늘 작업은 **일단** 이것으로 끝내지 않겠습니까?

22 料理のプロだけあって、彼女は手際よく料理を作った。

요리 전문가인 만큼 그녀는 **솜씨 있게** 요리를 만들었다.

23 転びそうになったので、とっさに隣の人の腕をつかんだ。

넘어질 뻔해서 **순간적으로** 옆 사람의 팔을 잡았다.

24 バリの海辺で久しぶりの休暇を満喫した。

발리 해변에서 오랜만의 휴가를 **만끽했다**.

25 この包丁はといであるからよく切れる。

이 칼은 **갈려 있어서** 잘 잘린다.

1 ③	2 ③	3 ③	4 ④	5 ②	6 ③	7 ①	8 ②	9 ①	10 ④
11 ④	12 ③	13 ①	14 ①	15 ③	16 ②	17 ④	18 ②	19 ③	20 ①
21 ②	22 ④	23 ③	24 ③	25 ②					

3회 해석

| 문제1 |

1　質問の意図(いと)が分からない。

　　질문의 의도를 모르겠다.

2　不正な取引が頻繁(ひんぱん)に行われた。

　　부정한 거래가 빈번하게 이루어졌다.

3　収入が増えて生活が潤って(うるおって)きた。

　　수입이 늘어 생활이 윤택해졌다.

4　この製品の安全性には若干(じゃっかん)の疑問が残る。

　　이 제품의 안전성에는 약간의 의문이 남는다.

5　父は建設業を営んで(いとなんで)いる。

　　아버지는 건설업을 영위하고 있다.

6　彼は株の売買で富豪(ふごう)の仲間入りをした。

　　그는 주식 매매로 부호에 합류했다.

| 문제2 |

7　新しい法案をめぐって与野党の駆け引きが続いている。

　　새 법안을 놓고 여야의 흥정이 계속되고 있다.

8　友達とバンドを結成してコンサートを開催した。

　　친구들과 밴드를 결성해서 콘서트를 개최했다.

9　すぐに現地に調査官を派遣した。

　　곧바로 현지에 조사관을 파견했다.

10 新人の仕事をフォローするのが私の任務だ。

신입의 일을 **지원**하는 것이 내 임무이다.

11 彼の提案をやんわりと断ったが、彼は傷ついたようだ。

그의 제안을 **부드럽게** 거절했지만 그는 상처받은 것 같다.

12 古いアルバムをみると、学生時代の思い出がよみがえる。

오래된 앨범을 보면 학창시절의 추억이 **되살아난다**.

13 事故で電車が止まって遅刻しそうになったが、バスに乗り換えて、かろうじて間に合った。

사고로 전철이 멈춰 지각할 뻔했지만 버스로 갈아타서 **간신히** 시간에 맞췄다.

| 문제3 |

14 彼は予想外の結果にまごついた(＝とまどった)。

그는 예상외의 결과에 **당황했다**.

15 皿洗いは本当に面倒くさい(＝煩わしい)。

설거지는 정말 **귀찮다**.

16 この二つの言葉の微妙な(＝デリケートな)違いがどうも分からない。

이 두 단어의 **미묘한** 차이가 도무지 모르겠다.

17 試験の直前なので、不安がつのる(＝つよくなる)ものだ。

시험 직전이라 불안감이 **커지기** 마련이다.

18 彼は私の質問にとぼけて(＝知らんぷりして)いた。

그는 내 질문에 **시치미를 떼고(=모르는 척을 하고)** 있었다.

19 父は私の海外留学を了承して(＝納得して)くれた。

아버지는 나의 해외 유학을 **승낙해(=납득해)** 주었다.

| 문제4 |

20 この和菓子は職人の手で丹念に心をこめて作りました。

이 화과자는 장인의 손으로 **정성스럽게** 마음을 담아 만들었습니다.

21 この電気自動車を購入すると、国から補助金が交付される。

이 전기차를 구입하면 국가에서 보조금이 **교부된다**.

[22] お店の前にずらっと人が並んでいる。

가게 앞에 사람들이 죽 늘어서 있다.

[23] 当社は、東京を拠点にビジネスを展開している。

당사는 도쿄를 거점으로 비즈니스를 전개하고 있다.

[24] とんでもないミスをしてしまい、部長に大声でののしられた。

어처구니없는 실수를 해버려서 부장님에게 큰 소리로 욕을 먹었다.

[25] 佐藤さんはどんなジャンルの音楽がすきですか。

사토 씨는 어떤 장르의 음악을 좋아합니까?